JN223650

ツボを刺激する脳トレ日本語事典

こんな見方や考え方もできるんだぜ

久保哲弘
Kubo Tetsuhiro

風詠社

ツボを刺激する　脳トレ日本語事典

はじめに

トランプ大統領の登場によりフェイクニュースという言葉が話題にならない日はないくらいに至るところで賑わせている。何が本当で何が嘘なのかがわからなくなり、自分が信じたいことだけが本当なのだという風にさえなっている。平気で嘘をつくことが何でもない事のようになっている。日本の政治・行政・社会においても全く同じことが起こっている。いや、日本の方が安倍総理を筆頭に、霞が関を中心にはるかに先頭を走っている。

自由、透明、オープンで事実に基づいて議論されなければならないという民主主義の基本が、嘘と隠ぺいとまともな議論のない中で根底から揺らぎ極めて危険な状態にあると言っていい。言葉への責任、重みが大きく問われなくてはならない時にある。

そういう時に、言葉への関心を持ちその意味・隠された意図を考えてみることは大きな価値があるだろう。正面から裏から横から、直球や変化球で皮肉、風刺、ユーモアを交え、辛辣なA・ビアスの『悪魔の辞典』風に解釈してみたい。

反戦と権力へは批判的であるべきという以外に特定の立場にはないが、立ち位置によっては、ツボにはまるかはまらないかで、成程との同感も大きな反論や異論もあるだろう。そのことは、各人が言葉の意味とその中に含まれる問題点に突き当り、社会を考えることにつながるだろう。

それは即、脳を刺激し脳トレになるに違いない。

広辞苑が10年ぶりに改訂され、辞典や日本語に興味が高まり、高齢者が増え脳トレにも関心が高まっている時、そして政・官の指導層におけるいい加減で無責任な言葉の使い方が問題になっている今、新たな切り口で言葉のもつ多面的な意味ともう一方の真実を、そしてこの社会を考えるきっかけにもなればいいと思う。

若い人には、各分野から取り上げた多くの言葉の刺激的で独自の解釈や歴史上の出来事から、さらに深く掘り下げて、より多様性に富み自立した物の見方が出来るような一歩になればと思う。言葉を通して、考えることや、政治、社会、歴史への興味や関心が高まることへの一助となれればと願っている。

言葉の力を信じて、権力の嘘やごまかしと暴走を許さず、権力に距離をおき、何者からも自由で、自立した個人がつくる価値観の多様性を認め合う寛容な社会が出来ればと願う。

言葉の、今一度の復権を、本書の刺激的な解釈を通して脳トレしながら考えて頂ければと思う。

目次

3章　文化

4章 歴史

5章　政治の用語……94

1章　生活

【言葉】

しゃべり方を含めて、言葉は人格、生き様、人生、知性の物差し。言葉は思想、思い、想像、イメージ。言葉は、……人の数ほど定義がある。言葉は伝達し、行動させる、力。言葉は人を結び付け、人を離反もさせる。言葉は森羅万象を説明し、人間社会を成り立たせる宝物。社会的動物である人間が人間である所以。すべては言葉から始まり、言葉なくして社会なし。

この国では言葉は言霊と言われていた時代もあった。今は、薄っぺらで無責任、嘘にまみれたいい加減な言葉の氾濫。**言葉への無責任は社会への無責任。**今は無責任がまん延するいい加減な社会。

そういう時代だからこそなのか、心の叫びの言葉を聞いた。人生で一番泣いた言葉を聞いた。言葉は魂だ。「ママ　もうパパとママにいわれなくてもしっかりとじぶんから　きょうよりかあしたはもっともっと　できるようにするから　もうおねがいゆるして　ゆるしてくださいおねがいします　ほんとうにもうおなじことはしません　ゆるして」。娘になることも、愛を結ぶこともかなわずに逝った5才の船戸結愛ちゃんに安らかな眠りと愛の言葉を。

【愛】

「あばた」も「えくぼ」も超越した愛しむ境地。庶民である男と女を結びつけるのに必要なもので、人が生まれてくるのにも大事なものらしい。政官財の閨閥で結ばれている上流階級にはもっと重要なものがあり、愛に純情な幻想を持つとダイアナ妃の悲劇を見ることもある。**人生に喜びと苦悩を与える愛という感情がなかったら、人は平和であろうし、味気ない存在であろう。**最近では安売りされすぎてもいて、何にでもくっつく便利な言葉になっている。愛国心、兄弟愛、愛社精神、愛○○……つかない言葉はないくらい何にでもくっつけられ、至る所で使われすぎて安っぽく成り果てた言葉。全国年中バーゲン中。いや、いまだ訴求力ある強い言葉なのだろうか。

【恋】

「あばた」が「えくぼ」に見える男女の関係。雷に打たれてシビレている状態。年齢問わず若さのバロメータ。電流、激情、ひとめぼれ、運命的出会い。出会った瞬間に燃え上がる激しい好きという感情。**理性を忘れている幸せな時間**。

【夫婦】

「えくぼ」が「あばた」に戻った男女の関係。酔いが覚めて素面になった男女の状態。諦めが平和な日常を保つ男女の関係。同じベッドに寝ていても何も起きない男女の状態。猫も素通りする男女の状態。**同じ屋根の下でよくもまあ飽きもせず一生を過ごしていける不思議な関係ではある。**それぞれにコツがある。それでも最後は、「ありがとう」で終わりたい。

【見合い】

今は、子供に結婚して欲しい親の婚活。クレーム社会やジコチュー社会の進展で廃れていった風習。仲人というキューピッド役のいなくなった社会が人間関係の希薄になった社会を表している。

【婚活】

「おせっかいおばさん」「世話好きおじさん」が姿を消した後の、代わってサギが出てくるらしい、日本の若中高年の結婚相手探し活動。**金と時間のかかる割に成果の乏しい活動。**いろんな婚活ビジネスが流行っている。

【合コン】

出会いがありすぎて、逆に異性を意識することのなくなった現代の男女が異性を求めて集まる場を設けるという逆説。ユニセックス化の弊害、結果。

【結婚式】

誰もが善男善女、出来の良かった人になる時。やはり、素直に、感動、喜び、幸せ、楽しい時である。晩婚、非婚化の進むいま、結婚式が珍しい出来事になるのだろうか。

【命】

縁。ある特定の組み合わせの男女の間に誕生し、組合せが違えば全く別の命となる。いまある命は、まさにある特定の組み合わせの男女の間にしか生まれないのだとわかれば、その貴重さはとてつもなく重いものだと思いませんか。その命の愛おしさに身震いするほどの感動を覚えませんか。**オンリーワン、唯一絶対、代わりのない存在**。連鎖の存在であり必然でもあり偶然でもある。唯一この両親の間のみから生まれたこの命・この子、生まれ変わりはない絶対の命。なんと愛しい命ではありませんか。

【家族】

仕事を終えた男が最後に帰る場。家族は最後の止まり木とは本当らしい。最後の場と気づくのが遅すぎる者が多い。**人は家族に始まって家族に終わる**。地球の人口70数億、その中で血肉を分けた者が何人いるというのか。同じ血のつながった者同士、情愛をもって暮らすのが当たり前とはいえ当たり前の存在。

【子】
いつまでも親に心配をかけ続ける存在。

【親】
いつまでも子供の心配をし続ける存在。

【親孝行】
後悔するためにある言葉。親孝行したいときには親はなし、死なれてはじめて気づく親孝行。年をとってきた老親、まあ普通は早く死んで行くのが順番だから、早く死んで行く者の好きなようにしてあげるということ。順送り、やがて自分も後を追って行くのだから。それにしても親孝行、永遠の課題なのかも知れない。とはいえ、世の中、親孝行、している人はしている。

【幼児】
人間が天使の時期にある数年間。何をやっても許される、何をやっても可愛い存在。自分にもあんなに可愛い時代が本当にあったのだろうかとどうにも不思議な気持ちにさせる存在。

【幼い孫】

よその幼児さえ天使なのだから、いわんや我が幼い孫においておや。言葉では言い表せない存在。自分が育てなくていいのがなお良い。メールで毎日見て、たまに会うのが最高。やっぱり、天使。

【子育て】

思うようにならないことの代表例。自分が子供であった頃のことはすっかり忘れて、自分が出来なかったことを子供にやらせようとして理性と感情が支離滅裂になること。結果を受け入れてあきらめ、ありのままの子供の姿を認めることでいい。最後は、「生まれてきてくれてありがとう」と心底から言えたら成仏。

「子育ては一大事業である。だが、いまだかつてその適性検査が行われたことは無い」というバーナード・ショーの言葉がある。

【子供への虐待】

手加減がわからなくなったある種の世代の人にとって、しつけのつもりという言い訳をするらしい残虐行為。核家族化、少子化、連帯感の薄くなった人間関係……等々、現代日本社会の病理現象。親も子も被害者。これ以上の悲劇はない。

【保活】
「保育園落ちた。日本死ね」、山尾志桜里議員の国会質問で政府がびっくりした、**当事者以外にとっては他人事**の、深刻な入園活動。票と金にならない共働き夫婦の問題と捉えられ、政権にとっては後回しの問題だった。

【保育園】
いまや**政治の問題**として取り上げられることの多くなった幼児保育の施設。入りたい希望者に対して受け入れ可能人数の方が少なく社会問題化。待機児童、保活、保育所難民等という言葉を生んだ。

【隣人】
固定資産。時には新聞沙汰になる負産もある。**都会では気にしなくていい、田舎では気にせざるを得ない他人**。組織内では、隣の席に座っている同僚を隣人と称することもある。

【男】
仕事、社会の話題を中心にしゃべる生き物。

【女】
身の回り、生活周辺のことをよくしゃべる生き物。

【友だち】
相性、**波長があう他人**。1人に耐えられない人間が求めあう他人。都合のいい時に付き合う他人。知り合い。損得を抜きにして、打算のために……その在り方・関係・濃淡は実に千差万別で友だちの数ほどある。

【嫉妬】
口先では「おめでとう」と言いながら腹の底では「こん畜生」と思っているどうしようもなく人間的な感情。当たり前のことだが、近しい関係の人間の間に起きる悩ましい感情。

【フラリーマン】
どうも男という生き物は**真っ直ぐには家に帰れない**習性らしい。今は聞く事も目にする事もないが、「帰宅拒否症候群」、「家に帰りたくない病」と呼ばれるサラリーマンたちがいた。どこかで寄り道、フラフラしてからでないと家に帰る気になれなかった勤め人。同じような人種の今風な呼び名。振られたサラリーマンのことではない。

【就活】

政治屋や役人のコネがない学生が就職先を求めて行う活動。**社会人になるための楽しくない通過儀礼。**この国では一生が決まってしまうかも知れない活動。景気の良し悪しによって大きく左右され、売り手市場だったり買い手市場だったりと、社会へのスタート時点で世の中の不公平、理不尽さ、運不運を知ることになる。


【セクハラ】

好きか嫌いかのリトマス試験紙。好きな人からならもっともっと、嫌いな人からはダメ、ダメ、ノー。人間関係次第の時代もあった。しかし最近は、そんなとぼけた呑気な事は言っておられない事件が多発している。**セクレンス**（セクシャル　バイオレンス）とした方がいい。人権、犯罪の問題。

「天下の財務省」のセクハラ辞任・事務次官福田が週刊新潮を訴えたという話はとんと聞かないが、やっぱりねえ……。今度はヤルヤル嘘？


【パワハラ】

力のない上司、管理職は訴えられ、本当に力のある実力者は安泰。**力と人気のある管理職か**

どうかのリトマス試験紙。セクハラの管理職版。訴えられる程度の力しかなかったのだとあきらめること。と、甘く考えていたら、セクハラと同じく事態は深刻。部下殺しまで報道されるようになるとパワレンス（パワー　バイオレンス）、虐待、犯罪と呼んだ方がいい。

【アカハラ】

大学内でのパワハラ。いまどき象牙の塔など流行らないが、社会で流行っていることは大学でも流行るらしい。大学だけが特別に特殊な社会ではないとしても、大学においてもかの感はある。大学関係者が人格者とは限らないにしても、もはや、**人格、知性には関係ない全日本人的な人格破壊社会の出現**。

【錯覚】

人の行動の原動力。良くも悪くも、コミュニケーションの難しさを表している。独り合点、思い込みの強い人ほど陥りやすい。思い違いから生まれる幸せ、いい関係もあり、なかなかに味わいのある言葉。

【誤解】

本音をしゃべって問題となったとき弁解する言葉。エライ立場にある人がこの言葉を使うときは言い訳と同じ意味。ほんとうに、言った方と受け手の関係で間違った理解が生じることもあり、日ごろの人間関係のバロメータとなる。誤解と錯覚で世の中は成り立っている部分もあり、これらの言葉がなければ人間関係は味気ない。


【奇跡】

大逆転。**ほんとうにそんなことがあるんだという出来事**。ありえない話の割にはよく起きるらしい。個人の一生でも結構出くわす事がある。日本のスポーツ界では特に安売りされている。記憶の中で、本当に奇跡だと思えるのは、チリ鉱山落盤事故で33人が69日ぶりに生還した出来事。


【美談】

悲劇が存在していなければならない。ハッピーエンドだけではない。悲しみと喜びの同居。悲しみだけで終わることもある。

山手線新大久保駅で、酒に酔ってホームから線路に転落した男性を救助しようとして線路に飛び降りた日本人カメラマンと韓国人留学生の男性が、折から侵入してきた電車にはねられ3人とも死亡したというニュースを、鮮明に記憶している人は多いに違いない。人命救助のために命を犠牲にしたこの出来事は美談として日韓両国で大きく報道され、人々の涙と称賛を誘った。筆者も美談と言えばこの話を思い出す。

勇気、損得抜きの行動、見知らぬ人への自己犠牲、死、その後の関係者の善意……美談の種が何重にもある。美談、美しくも悲しい。

【フェイクニュース】

事実はどうでもいい、自分の信じたいことだけを信じ、平気で嘘を放言すること。自分の意に沿わない意見は嘘、間違っていると切り捨てること。**自分だけが正義だと妄信すること**。自分の信じたいことしか信じない時代の風潮にフィット、問答無用・対話拒否・分断された社会の病理現象。

トランプ米大統領の登場で一躍注目を浴びたが日本には既に○○シン○ウという先達、同類項が存在。

【真摯】

本題・肝心なことから逃げてムダ話を長々とする不誠実な態度。**窮地に追いつめられると丁寧とセットで出てくるアベ常用語**で、普通の日本人が使う意味とは逆。日常生活では、冗談・ふざけて使うことはあるかもしれないが、普通には一生を通して使うことはない。

【丁寧】

傲慢・不誠実・攻撃的、平気で嘘をつく人が追い詰められた時、当面をごまかすために使う言葉。口先だけのため、どうしてもその言動は不自然となり、すぐに切れる地がでる。慣れない事はできないことを教えてくれる言葉。

【オレオレ詐欺】

みんな、俺は大丈夫、私は引っかからない、俺には関係ないと思っている、にもかかわらず見事に騙されてしまう。それにしても、**みんなよく大金をもっているなぁと感心させられる犯罪。**明日はあなたに電話がかかってくるかも知れませんよ。

【口】

多くの政治屋・一部の官僚にとっては人をだますためにある重宝なもの。普通には意思疎通をはかるために言葉を発する器官。人を小馬鹿にした傲岸不遜な発言を続けると「ひょっとこ」のように大きく歪んでくることがある。

【顔】

人格、心の内面が表れた首の上にある造作物で目、口、鼻、眉、耳からなる。傲慢な人は傲慢さが、卑しい人は卑しさが、陰険な奴は陰険さが、ズルイ奴はズルサが、性悪な奴は性悪さが現れる。日本人はもっと顔を見て人を判断したい。**顔・表情・人相は裏切らない。言葉・口は嘘をつき、だます。**

【鑑定士】
顔が勝負。胡散臭い顔では成り立たない。「なんでも鑑定団」で世の中に知られた物品価値の占い師。素人を相手にウンチクを傾け引導を渡す人。世の中には実に種々様々な趣味・嗜好と収集癖を持つ人がいるのに感心し、それらの価値に値付けができる人がいるのにまた感心。**売る人と買う人がいれば何にでも値段がつけられると教えてくれる人。**リスク取引の値付け士。

【コメンテイター】
テレビで恥ずかしげもなく井戸端談義をしている人。最近は、露骨な政権の太鼓持ちが結構生息している。**場もち。**多くは他に本業があるのが愛嬌。個人の思いつき的な思いや意見が、テレビに出ているエライ人のもっともらしい意見として一人歩きしていく危険。出演している当人は気楽で気持ちいいが社会にとってはミスリードの危険性をはらんだ危ない存在。もっとも、そこまでは信用されてはいないか。

【おバカキャラ】

誰にでも一芸はあるものだと人に希望を与えてくれる優しい人。キャラではなく、本当に勉強ができなかったなんだなあというタレントもいるが、そういう勉強頭のない人も含めて、おバカタレントは人に**希望と夢と救いを与えてくれる存在**。本当の馬鹿では浮沈の激しいテレビの世界では生き残れないから実は優秀なのである。

【女子アナ】

プロ野球選手と結婚するのに一番適した職業。才色兼備とされている。30才定年説もあるらしいが、そんな事はないとも。60才の女子アナを見たことはない。昔スチュワーデス、今女子アナ。

【旅行】

非日常を味わう時間と空間。**お役人や議員の出張、視察**。定年退職者、高齢者の生きがい。成人、卒業、同窓会、新婚、女子会、還暦等々のイベントにかこつけてのお出かけ。実に、いろんな形態と目的の旅行があり、旅行そのものは当然として、どういう旅行をしているのかと旅行している人を見て想像する楽しみもある。

【激安ツアー】

関連業界の社員の犠牲で成り立っている試飲、試食、土産物付きの観光旅行。旅行好きにとっては、**安かろう、良かろう**というビジネスがほんとうにあるんだと実感できる旅行。土産物屋に連れ込まれるのが愛嬌だが、それも楽しみという人も多い。満足度は高く、一度体験すると病みつきになる人も多い。

【海外旅行】

行ける時に行きたい所へ行っとけの旅。いつどこが渡航禁止・危険地域になるかわからない。**円高、内外価格差で一般化した旅行**。高嶺の花も今や昔物語。昔「農協さん」で世界に名をはせた日本人の海外旅行も、最近は、猫も杓子ではないが、まったく当たり前になった旅行。時期・出発日によって同じ内容で3倍近い価格差があるのは、価格の不思議さを実感させる。世界遺産人気でますます人気に拍車。

【格安航空】

ローコストキャリア。超格安に驚くと同時にその起業家精神とビジネスモデルに驚く。自由なビジネスの発想は称賛ものである。**自由と競争こそが進歩の原動力**と改めて感心する。

【金券ショップ】
「持て余す者」と「浮かしたい者」の橋渡し役の安売りの店。なんか、得した感が得られる場。仕入れ値と売値を公開している稀有なビジネスモデル。正真正銘の薄利多売。仕入先は知らない方が精神衛生上いい。

【帰省】
家族間の顔見世興行。特に、小さな孫が主役。普通、正月、盆の年2回行われるが遠方だと年1回、数年に1回のこともある。最後は皆が疲れて終わる。

【都会】
隣は何をする人ぞ。**人を自由にする所**。匿名で生きていける気楽さを楽しめる所。砂漠ともジャングルとも呼ばれることがある。人工が自然を圧倒した所。コンクリートの街。しばしば自然に復讐される街。文明の進歩と自然のすごさを感じさせてくれる所。

【田舎】
隣近所のことが気になる人が住んでいる所。**少子化、高齢化、地域破綻等、この国の先端を走っている**。社会現象としては決して遅れている場ではない。不合理で、どこへ消えているのかわからない税金、金の動きのよく見える所。強制的に徴収される寄付金の種類の多さに驚かされる所。自治会に入らねばならない地。

【限界集落】

過疎の行き着く先。**人口減少、超高齢化社会の必然**。最終の姿は廃村？ 棄村？ 現在は地方の問題として捉えられているが大都会の大団地でも局地的にすでに起きている。明日は我が身に降りかかってくる問題。

【シャッター通り】

洒落たシャッターが見られる通りではない。昼日中から多くの店のシャッターが閉まっている通り。**人口減少と高齢化社会のショーウィンドウ**。商店街という名前は残っているが名前が可哀相。大型量販店、車社会の定着による郊外型店舗の進出等、生活の便利さを求める人々のライフスタイルの当然の結果であり、この流れを止めることは難しい。

【コンビニ】

郵便局はなくてもコンビニはある。**現代社会の重要なインフラ**。不夜城、真夜中も煌々と明かりの灯っている所。犯罪の予防を果たすが、引き込むこともある。

【IT社会】

ITはどこかにいた首相のようにイットとは発音しない。アイティと発音する。乗れた世代と乗れなかった世代に大きな断絶のできた社会。情報技術の著しい発展によってもたらされた新世界社会。非IT世代の悲哀は大きい。**対面コミュニケーションの希薄化**がもたらす人間関係の変化はビジネスをはじめいろんな分野に大きな影響を及ぼす。パソコンに向かっていれば仕事をしている風に見る乗れないおじさんもいた。

【買い物難民】

外国からの本当の難民がいないから**日本にも難民がいるぞ**と名付けられた？　地方、特に商店がなくなり車がないと生活できない過疎の地方で買い物に非常に困難をきたしている人たち。外に出て歩くことのできなくなった1人暮らしの高齢者を中心に増えている。最近では大都会でも見られる。いつ我が身がそうなるか、問題の深刻さに比べ注目度が低い。

【加齢】

ここが痛い、あそこが悪いという場所が増えていくこと。一方、能力、才能、業績を問わず、人間にはその年になってみなければわからないことが沢山あり、加齢、悪いことばかりではない。亀の甲より年の功、老人をもっと大事にすべき。いずれ、誰もが行く道。とはいえ、高齢者が増え、社会保障費が膨大になると国家的な難問となっている。

【終活】

死ぬ時の心配まで本人がしなければならない時代の死亡準備活動。終活ノートやらまでが出回っている。お1人様が増え、人の死の前後の問題をどうするかは人間の尊厳や費用の問題等も関わる社会的にも大きな課題。

【棺おけ】

死後に用意される最後に入る箱。絶対に自分では入れない箱。**1度入ったら絶対に出られない箱。**死亡してから灰になるまでの間だけにいる箱。

【共謀罪】

自民・公明与党議員が永遠に政権与党であり続けると思っている法。

疑わしきは罰す。刑法の革命。**政権、警察がその気になれば気にいらない人間はすべてしょっ引くことが出来る。**いつでも誰でもお縄にできる、スバラシイ！　政権への異論・異議の一切なくなった、死んだ如く静かで文句のない沈黙の、○○政権にとっては実に美しい国への仕上げ。

【憎しみ】

愛、好意、欲望、願望が拒否された時に生まれる感情。**悪事への親**である。愛、欲望、願望の対象は無限であり、したがって憎しみの数も無限。悪事への引き金も無限。悪魔が人間に与えた試練であり進歩への感情。

2章　社会

【医学部】

受験生と進学校の勲章。医者がつぶやく「今だったら俺はやぶ医者にもなれなかった」。むかし東大法学部、いま医学部。若者が示す世の中の移り変わり。諸行無常、栄枯盛衰。

【東大王】

新種のキングではない。テレビのクイズ番組。**超一級の東大生の頭脳のスゴサを見せる。**タレントと称される人たちも切れ味鋭い人が多くいる事も見せる。数が戦力ではない当たり前のことを見せるとともに、なんとかの鉄砲も（失礼！）数撃ちゃ当たることも見せる。

【流行語】

「流行語」大賞で初めて知る語。世の中と随分とズレて生きているのかも知れないと思わされる語。広辞苑に載らない語。

【男気】

人に、特に中高年の男に感動の涙を流させる男の言動。20億円を蹴り大リーグから広島東洋カープへ復帰した黒田博樹投手の言動で息を吹き返した。化石となっていた言葉で、**黒田の代名詞**となる。黒田の一挙手一投足に感動の涙を流す黒田信者・男気信者が生まれたという話もある。黒田の背番号の数字15を見ると感動のあまり武者震いする人もいるらしい。

【神（かみ）ってる】

実力じゃない力が発揮された時に使われる。神がかっているがもともとの日本語であるが、省略化著しい若い人の日本語の中でこうなっていった。

カープの緒方監督の子供たちが使っていたのが発信元とされる。鈴木誠也選手の神がかった活躍に対して緒方監督がコメントして一気に拡散していった。鈴木本人は不満らしい。

２０１６年の流行語大賞。

【カープ女子】

カープ女子でなければならない。広島女子でもジャイアンツ女子でもタイガース女子でもしっくりこない。ヤクルトはレディのものだ。語呂がいいのである。ピタッと決まっているのである。決まっているから定着しているのである。もう、**流行語でも一過性の存在でもない**。

居場所があるのである。カープを愛する小さい女子から年増の女子まであまねくの女子。広島では、可哀そうに2才児もカープ女子。テレビに合わせて訳もわからないのに「カープ、カープ……」と歌わされている。

【マツスタ】
マツダスタジアム。**行儀の悪い野球ファンにはちょっと居心地の悪くなった球場。**女子・子供・家族が楽しめる、トイレ・洗面所の非常にきれいな球場。多くのカープ女子が生息。毎年趣向を変え改装し、野球を楽しむだけではないテーマパーク球場。広島市民だけでなく、全国のカープファンの聖地。

【二刀流】
宮本武蔵、ベーブ・ルースを超えた大谷翔平。投打両道。**奇跡と天才が一緒になってメチャクチャのハチャメチャ。**日本の星からアメリカの星に。初登板初勝利から次の試合でホームランはルース以来97年ぶり、また次の試合でルース越えの快挙。俗語、両性愛者。

【カーリング】
平昌オリンピックを盛り上げ、平昌オリンピックで一躍脚光を浴びた**マイナーな氷上のス**

ポーツ。競技そのものより、可愛い「カー娘」、「そだね～」、「もぐもぐタイム」で人気を博す。あの氷上を滑らせる印象深い石は1個50万円もするらしい。

【アルマーニ】

「気品の町という銀座」にある泰明小学校にふさわしい8万円の制服に採用されたことで一躍有名になった。今や**泰明小学校のブランド**である。好きな人にとっては独断でも採用したい魔力あるブランド。校長はいくらのスーツを着ているのか気になる人が多いらしい。

【ブラック企業】

日本人の美徳がもたらす企業の甘え。低賃金、長時間労働、サービス残業、暴力、パワハラ……悪行何でもあり。停滞する景気の中で生まれた労働環境の悪化が父親。生きていくために働かざるを得ない弱い労働者が母親。

【肉食女子】

性欲を抑えられない、**性欲に素直な女子**。この手の女子に出会えた男子は非常に幸せである。スラングにイエローキャブという言葉があり、する行為は同じでも問題発現形態がやや違う。

【草食男子】
性欲の弱い男子のこと。21世紀に入って5～6年経ってからの言葉らしいが、昔から同種の男子はいた。

【水族館】
カラフルで美しい、しかし食べても美味しくなさそうな魚の沢山いるところ。時間つぶしをするに非常に**快適で付加価値の高いエンタテイメント施設**。1人で、恋人と、家族とでも楽しめる。一昔前とくらべこれほど進化した施設も珍しい。

【サプリメント】
気休め。効果があるのかないのかが直ぐにわからないのが売れる理由。1度口にすると止められなくなるのが困ったもの。今や日本人の「国民食」。

【スマホ】
テレビ、新聞、電車、議会、自衛隊、霞が関……はなくても生活できるが、**今やこれなくして生活は出来ないインフラ**、現代のリバイアサン。

【ブログ】

ネット社会の落とし子。何か言いたい人が、分野を問わず思いをありのままに表現する場。虚実おりまぜ人の多様性が実に多岐にわたっているのが見える。情報発信の場として強力な武器となり、それなりの影響力をもっている。テレビ、新聞を見る時間よりブログを見る時間の方が長い人も多い。マスコミのように、中立・公正・公平を謳わないだけ面白い。

【不倫】

一夫一婦制の産物。既成の道徳・倫理観を破ることに快感を覚える者にとっての快楽。姦通、不義密通、不貞行為というおどろおどろしい言葉に比べて何と軽い言葉になったことか。禁断の愛の行為にスリルを感じる者には寂しいかも知れない。一方、道ならぬ恋とはいうものの言葉が軽くなった分、気軽に楽しむ者が増えてきた？　週刊誌にとっては、特に有名人のそれは、部数稼ぎの恰好のネタである。

【浮気】

滋賀県守山市にある浮気町のことではない。男女間の愛・愛もどきの関係のことである。本気ではないから軽い浮ついた浮気の筈なのであるが、いつのまにか本気になっていたりと、その範囲は非常に広く、言葉ほど軽いわけではない。が、**不倫よりその罪、数段に軽い**と見られている。夫婦喧嘩は犬も食わぬと言うが、浮気も、好きにやってよという感じである。

【監視カメラ】

究極のノゾキ、盗撮。まれにしか起きない事件のため大多数のプライバシーを侵害する装置。防犯名目のため自由を奪われる。そして、忍び寄る国家統制、全体主義、警察国家、自由の死、への必須品。ジョージ・オーウェルの『１９８４』の世界。

【ストーカー】

ゆがんだ「愛」の一方的な形態。警察に助けを求めていてもしばしば殺人も起きる。警察が市民の安全のための犯罪の抑止にいかにやる気がないかを示す典型的な事例。

【DV】

こらえ性がなくなり我慢できない人が増えた社会の病理。社会で満足できる居場所を失い、社会への不満を家庭内で暴発させる行為。**弱者が強者になる時。**

【ヘイトスピーチ】

愛国、民族主義を至上とし嫌韓反中の排外主義活動に見えるが、そうではないというメンバーもいる。頭では排外主義は悪いことだとわかっているらしいが、感情的に抑えられないらしい。**右傾化時代の申し子**、ネトウヨと同根同種と考えられる。ネトウヨがインターネットを主戦場とするのに対し、デモ、街宣活動を主体とするが、目立つ分、対抗勢力も出てき、思うように活動出来ないことも多い。彼らの祖先が、遠い遠い大昔、半島からの帰化人だったとしたら面白い。

【ネトウヨ】

真偽は不明だが○○総理のネタ元、同士・お友だちという話もある。ネットで全国に増殖中。神の国大日本国の熱烈な信者・愛国者、日本民族至上主義者で、大日本国のためには一身・命を投げうって本望とする、らしい。が、死んだという人は聞いた事がない。**中国、朝鮮が特に嫌い**で、両国とは一戦を交えて叩き潰せという声もある。インターネットを活躍の主戦場とする強硬右翼。

【NHK】

テレビ受像機があれば、強制的に「受信料」を徴収する組織。**税金と言わず受信料というところがいかにも、らしい**。倒産の心配がないため内部抗争が激しいらしく、番組内容にもブレが大きい。国営か国策かひょっとして中立かまで、その時々の政権との関係も見せてくれる。戦時になれば、大本営発表の垂れ流しになることだけは明白なので（もっとも、今もそうか？）、いつまでも戦争にならないことを願わせてくれる放送局。

【強制性交等罪】

男も被害者になりうるからと公式に認められた、今まででいう強姦のことらしい。時代が著しく変化したことを感じさせる罪。一方、戦国から江戸は男色花盛りの時代だったことを思い起こさせる。

【ＬＧＢＴ】

男と女についての既成概念を破る事象。**性に異常、変態はないということ**が市民権を得た。人類の性のあり方は霊長類最高。そのうち、異性しか愛せない人間は、遅れてる～、変態と言われる時代がくるのだろうか。行き着くところは、男も子供が産めるように進化する？　まさか。いや、わからんぞ。

【常識】

自分が正しいと思っていること。個人、属している組織によって違う。常識のウソというが、社会に共通の常識は意外と少ない。民間、普通の社会から見れば、常識が犯罪という組織もある。警察、検察をはじめ各役所で常識の裏金作りの手法などはそうである。役所で行われている常識とされていることには背任、横領などの犯罪や隠ぺい、ウソ、ごまかしなどの反倫理的な行為が多い。5月になって3月30日の日付にしろとかある日突然必要もない機器が届くとか、民間の常識ではありませんよ。組織内の常識のまっとうさ、正当性は常に検証されなければならない。○○の常識は社会の非常識という。

【空気】

決定権の主役。場を、時代を支配し流れている個人では抗しがたい全体としての雰囲気。個人同士が非公式の場で話せば、ほとんどが、実は俺も反対なんだという話になるのに、公式の場を支配する本音とは逆の意見。強烈に我が強く声の大きい傍若無人な人間が作り出す病理。

【相場】

誤ったメッセージを出さないための基準。**人間関係の濃度を表す。**多すぎても少なすぎてもそれぞれのメッセージを発信する。人間の節目、節目である大事な行事、誕生、入学、卒業、就職、結婚、昇進、香典……等々、平均値をにらみ、いろんな思惑で、適正と思う金額をはじき出す目安。世間並、横並びを重視する日本人らしい行動基準。株式、商品、物価等の価格レベル。

【談合】

懲りない面々の裏取引。教訓・反省という神経が完全欠落した人たちの違法落札調整。この国の公共工事に組み込まれた不正ＤＮＡ。連綿と逮捕の歴史を繰り返しながらも、なお性懲りもなく逮捕が繰り返されていく。犯罪・逮捕を上回る旨味がある公共工事。普通の神経を持っている人間には、信じられない、の一言しかない。公共工事食い物病。不治の病である。時にばれる本当に運の悪い人たちがいる。

【競争】

進歩の原動力。小泉構造改革以後、この言葉は、行き過ぎた競争社会という言葉になって、悪役を一手に引き受けている感がある。感情的な小泉・竹中憎しが競争憎しとなって、競争・自由・規制緩和潰しとなり、官僚権限の強化、増税やむなし、大きな政府という社会主義化の方向へ向かっているのは歴史に逆行しているといえる。競争なしのお手手つないでの社会が成り立つものか、人間というものを冷静に見れば判断できそうなものを。競争が格差と直接結びつくものではない。

【格差】

人間の本質、性。自分は別という優位にある者は無意識だが、弱者の方が意識して持っている感覚。人によって欲望のレベルが違うから、恵まれている者は持たなくて、恵まれていない弱者が持つというものではない。個別で相対的な感覚。人は格差を求めて、格差をつけるために努力している面もあるが、格差が目につくとそれは問題。行き過ぎた格差社会は問題、格差がまったくない社会はあり得ないが、ほどほどの格差社会（定義も含めて）というのも難しい。永遠に解消できない難問にして、ほどほどを目指していくのが人間かも知れない。

【株式市場】

真っ暗闇の中を松明つけて進んで行く、勇気ある人間の住む賭場。予測不能な人間の政治・経済行為や自然災害はパニックとしてあきらめ、もっともらしい理論・指数・見通しを信じて、買った、売ったと丁半を振るバクチ場。一寸先は闇、一寸先は光の世界。はまった者は、はまらなくても、抜け出せない魔物が住む。最近は日銀、年金機構など公的資金を扱う機関が大口プレイヤー、ああ怖ろしい。

【スポンサー】

翻訳は難しい。スポンサーはスポンサー。「**金を出す人、金を出さされる人**」がピッタリとくる。「今日のスポンサーは？」。パトロンより透明で現代的。パトロン？　ん！という風な意味深に勘ぐられることはなさそう。「パトロンは銀座のママを囲っているどっかの政治屋、スポンサーはサザエさんの（東芝）」。

【落としどころ】

足して2で割る3で割る。ストーリーは決まっているがアリバイ作りのためにもっともらしい場を作って、あらかじめの着地点に導く。玉虫色に輝くことが多い。大人の知恵、政治的解決と言われることもある。

【原発】

知らぬが仏、知ったら地獄。原子力村の利権。**悪魔と手を結んだ電力。**見切り発車。トイレのない家、ブレーキのない車、いつか落ちる飛行機、港のない船。いつでも核兵器を開発できる保険。チェルノブイリ、スリーマイル島、福島の次は？

【廃炉】

事故が起きて慌てて考える事。ハイハイしながら考える。想定外。泥縄。暗中模索。未知への挑戦。究極の後始末、後ろ向き・非生産的事案。誰も、初めから終わりまでを見る者はいない事案。

【学識経験者】

政府・自治体がやりたいことのための**アリバイ作りに設ける審議会等でお墨付きを与える人。**立派な名称で呼ばれて恥ずかしくないのかなと思う。もっとも、いつも「先生」とよばれているから何ともないか。

【賢人会議】

気恥ずかしいことを知らない人の気恥ずかしい会議。出席する人は自分を賢人と自認しているに違いない。やはり、賢人、普通の人の神経ではない。ソクラテスの言った「知らないということを知っている」という、知に対して謙虚であった言葉は、現代の賢人にはどう響いているのだろうか。

【専門家】

事件、事故が起きた時テレビに出て推測でものを言う人。井戸端会議の域を出ない「専門家」と言われる人が多いのに驚く人が多いに違いない。当事者でさえどうしてそんなことをしたのかわからないことも多いのだから、第三者が本当のことなどわかるはずがないと考えた方がいい。専門家と称される人たちの発言が曖昧で核心をついたものでもないのを見て、人は自分の頭で考える重要さを知るきっかけとなれば、専門家の発言も意味がある。

【体罰】

教員の委縮に貢献。子供の権利の乱用？「愛のムチ」、人間力で教育を死語とする。マスでとらえるしかないわかりやすい単純化した見方。違いのわからない時代の悪。信頼間関係がある中での愛と情のある体罰で心を開く子供が多くいた事実もあった。**暴力・暴行と区分けした方がいい。**

【就職超氷河期】

不景気が親。止むに止まれぬ**企業最適の選択が学生最悪の結果**。卒業しても仕事がないという不安、恐怖感に社会はもっと敏感でありたい。若者に希望と夢を与えられない社会は不幸な社会。「学校は出たけれど」という時代がかつてあったが、歴史は繰り返すのだろうか。超氷河期はあっても超温暖期はなさそう。

【水没する東京】

政策の失敗のつけ。**コンクリート漬けの利権漁りの土建国家への自然からの復讐**。ゲリラ豪雨によって既に現実のものとなっている。ヒートアイランド化して排水能力を上回る集中豪雨に襲われて都区部が水没すること。

水没を防止するためのまたコンクリート工事でどこまでも続くぬかるみぞ。

【ゲリラ豪雨】

人災。世界に冠たる土建・コンクリート漬け国家の強欲な税金食いのための自然破壊工事による自然からの復讐。突然の豪雨だから、いつ、どこで発生するか予測できない。仮に、予測できたとしても、その時はすでに手遅れで打つ手はなく大した意味はない。ロンドン紳士並みにいつも傘を持って歩くにしても、傘も役にたたないのでシャレにもならない。


【ヒートアイランド】

自然と共生でなく、コンクリート化工事と生きるのを選んだ土建国家に必然の亜熱帯化。**自然現象ではなく、人工現象。**地球温暖化の加速、ゲリラ豪雨、はては熱中症など、様々な弊害を生んでいる。


【新型インフルエンザ】

生態系の破壊も一因であろう**人間と自然の永遠のいたちごっこ。**次から次へと、新・新型インフルエンザが発生してくる。人間は自然を克服できない、自然は人間を超える。

【高齢化】

憎まれっ子が増えた結果？　平和が続き、医療技術、食料・栄養事情の進歩で、特に日本人の寿命が延び長生き老人が増えた。長寿化社会を素直に喜べないのが辛いところ。とは言え、長生きはしたいもの。少子高齢化と言われることが多いが、少子化とは別問題。超高齢化社会という**人類未踏の世界の入り口**に立ちワクワク感が尽きない。

【少子化】

子育てが厳しくなり余裕のなくなった家族の姿。ボディブローのように人間関係のいびつさを助長していく素子。経済だけがすべてではないが、やはり、子育てに関わる経済的負担など、**子供を育て難い社会**のせいと言わざるを得ない。健全で幸せな社会を反映したものでないことは間違いない。貧乏人の子沢山ではないが、貧乏でも沢山の子供がいる社会の方が幸せなのかも知れないと思いたくなるのが辛いところ。

【少子化問題】

等しく貧しくて安心できる格差のない社会、等しく豊かで安心できる格差のない社会になって解決できる。子供たちではなく**大人・社会の意識・構造の問題**。個としての生活の大事さ・楽しさを知った市民、結婚できない・結婚しても子供を育てられない経済的弱者を生み出す社会の当然の帰結。政府・役人の目先だけの思い付き、何かやったという小手先のアリバイ作りで解決できる問題ではない。

【お迎え料金】

国交省から田舎と認定されるタクシー料金。業者保護政策。迎えに来る空車は有料、乗せた後、帰る空車は無料。同じ距離を同じ時間に乗っても料金は倍半分の料金の二重制度。田舎は、結構、過疎料金、不便料金、強制寄付など、都会にはないムダな費用のかかる所。

【敬老パス】

暇で元気、無料で（購入時数千円負担）電車・バスに乗るのが大好きな**高齢者が乗り回す自治体発行のパス。**名古屋市では半年間で50万円、1日平均13回も利用する達者な老人もいる。

【セーフティネット】

非常に雑で目の粗い網。上からは見えないらしく、何か起こらないとなかなか引っかけてもらえない。自らが動かなければならない。行政からは積極的に手を差し伸べてはこない。経済政策か社会政策かはっきりしないところにある。

【医療保険】

医者とそれ以上に**役人を養うための保険**。給付のために、審査のために等、多くの天下り団体が作られ、多くの保険料が役人や役人ＯＢのために消えていき、患者のために保険料すべてが使われているわけではない。勤労者の保険料は給料から天引きされており、大多数の人は自分が支払っている保険料がいくらなのかを知らないのが行政にはミソ。職業別、勤務先の規模別等によって加入している保険が異なり、わかりにくい制度にしているのもミソ。料金や制度をコロコロ変えて、普通の人が知ろうとする意欲を持たないようにするのがコツ。

腹に一物ある者は物事を複雑にする、話をややこしくするという悪知恵はこの制度にもあてはまっている。多くの法律や制度が天下り団体とセットになって作られているように。保険料が払えなくて病院にいけず病死していく多くの人がいることは報道で知られている通り。多くの制度と同じく、声を上げることも出来ない本当の弱者を救う制度にはなっていない。勿論、大多数の人にとって、相互扶助、有益な制度であることは間違いない。

【後期高齢者医療制度】

お役人様から75歳の誕生日を境に一律に年齢差別のレッテルを張られること。誕生日がうれしくなくなる日。これほど悪評を浴び、非難された制度も珍しい。保険の本来の目的、有利性からも外れた制度で、まさか、「老人は早よ死ね保険だ」と酷評されたような意図はなかったと信じたいが、おかしな制度。不評、不都合からいろいろと見直しされていくのだろうか？

【葬式】

死を公表する儀式。死んだ人が素晴らしい人だったと教えられる儀式。

【供養】

残された者の心の安定剤。死者の成仏を願い、死者を偲ぶためにあるというが、残された者の様々な思いのためにある。魂も残された者の心・思いの中にある。

【正月】

気分一新、目標を掲げる日、誓いを立てる日と、**なんとなくその気になる日**。家族の絆を確かめ合う日。なのだが、大型量販店やデパートの正月営業化、年末年始の海外旅行の一般化で、家族団らん・おせち料理などの昔の正月から、様変わりした今の正月。正月ほど過ごし方の変わった行事も珍しい。

【成人式】

晴れ着を着た娘が目立ってそれとわかる日。20才の子供がいる親以外には興味がない儀式。

自治体の長が訓話もどきをしゃべりたい日。選挙運動の日。行政主催の同窓会。

【バレンタインデー】

チョコレートメーカーの日。それはそれで気にもなる罪な日。それにしても、小泉元総理が、もらったチョコを送り返したという話は本当なのだろうか。

【ホワイトデー】

義理返しの日である。それはそれで楽しみでもある日。悪乗りして公認のセクハラの日と間違える輩はいないのだろうか。

【村八分】

シカト。いじめの終着駅。**集団主義の究極の罰**。掟破り、仲間の利益を守らない者への見せしめ。江戸時代に有名な出来事ではなく現在の日本にも生きている思考法。

【道路標識】

道路を走りながら頭の訓練をさせてくれる**行き先案内のつもりのボード**。不親切でわかりにくくうろうろし、時に警察の世話になる。国庫に貢献。

【落石注意】
いつ起きるかわからない、知らされてもどうしようもない事を警告。運を天にまかせて猛烈な勢いで走り抜ける。そっちの方が危ないか？

【道の駅】
買い忘れた時あるいは事前に土産物を買うところ。田舎の道を走っていて一番多く標識・幟旗を目にするところ。安いものがあると思って入ると裏切られることも多い。通りすがりにあると念のためトイレするところ。

【無人駅】
人件費とキセルのバランス、決して乗客のモラルを信じてのことではない。間違っても、日本人の倫理観が上がったのでも財布が豊かになったのでもない。中には、秘境駅と称されて一部のマニアのあこがれの場となっている。次にくるのは廃駅、廃線。

【高速バス】
コスト競争の最先端地帯。競争が創意工夫の原動力になっていることを実感させてくれるあり難いバス。大きな事故が重なって行政からの規制が厳しくなり、かつて程は安くない。

【シャコタン大臣】

ジョーダンが好きで人を笑わせるのが好きな大臣。シャコタンの車に乗っている大臣の事ではない。「日本にとって大事な島であるシャコタン訪問団へ参加した事がある」らしいが、就任会見の翌日にシコタン（色丹）に名前が変わったらしい。笑わせてくれるねえ〜、が、それにしてもね〜。大臣の優秀さは取り上げてもキリがないが（皆さんで思い起こしてください）、直近での北方担当相の発言。漢字の読めない総理大臣もいましたねえ〜。

【未曾有総理】

総理大臣は未曾有（みぞうゆう）と読む。以下、漢字の読めない総理の表面化している誤読例の一部。踏襲（ふしゅう）措置（しょち）有無（ゆうむ）詳細（ようさい）頻繁（はんざつ）前場（まえば）思惑（しわく）順風満帆（じゅんぷうまんぽ）焦眉（しゅうび）完遂（かんつい）詰めて（つつめて）怪我（かいが）参画（さんが）偽装請負（ぎそううけあい）所信（しょとく）実体経済（じつぶつけいざい）御祈り（ごいのり）。

傾向がよくわかります。意味もわかっていないですよねえ。オツムの程度が知れます。正解は、普通の人には簡単に読める漢字だから載せません。

【パンツ大臣】

出世物語。若いころ女性の下着・パンティ泥の常習犯が悔い改めずとも原発推進派と市長だった父親の力で安倍内閣の大臣にまで上り詰めた美談。選挙の時には父親の銅像にパンティを被せられるらしい。日本は幸せな国である。

【知っている税金】

以下がすぐ出れば普通。消費税、所得税、住民税、ガソリン税、酒税、たばこ税、自動車税、関税。

【知らない税金】

以下がすぐ出なければ普通。10個出れば優秀。20個出れば超優秀。30個出れば税の大家。40個以上の人は、信じられない。揮発油税、復興特別所得税、法人税、相続税、贈与税、地価税、出国税、地方道路税、航空機燃料税、石油ガス税、石油石炭税、自動車重量税、印紙税、登録免許税、電源開発促進税、とん税、特別とん税、事業税、不動産取得税、ゴルフ場利用税、道府県たばこ税、鉱区税、固定資産税、法定外普通税、自動車取得税、軽油引取税、狩猟税、法定外目的税、軽自動車税、市町村たばこ税、鉱産税、特別土地保有税、入湯税、事業所税、都

市計画税、水利地益税、共同施設税、宅地開発税、国民健康保険税、石油価格調整税、核燃料税……。

【納税者一揆】

国税庁長官として職員に「書類は徹底管理しろ」と指示を出した類まれなブラックユーモアの持ち主、佐川前長官。理財局長時代に国会では「書類はない、廃棄した」等と木で鼻をくくった態度の「虚偽」答弁で国会・国民を侮蔑しきった「エライエライ」佐川サマ。その割に人前には出ることもできなくて財務省庇護のもと潜伏生活を余儀なくされていた適材適所の佐川サマへ、確定申告日を機に**「佐川やめろ」と全国各地で沸き起こった国民の反乱**。さすがに「徴税に支障はある」と認めながら、「適材適所」という財務相も冗談が好きである。暴動にならないのがこの国らしい。

3章　文化

【文化】

違いがわかること。人が所属している団体・組織・地域に固有の考え方、習慣で、他と差別化されるもの。大は国の文化から企業文化、市町村の文化、我が家の文化という風に幅広い使われ方をする。時に、文化の違いで争いを引き起こす原因にもなる。

【方言】

いまや文化財である。**死にそうながら死なないで細々としぶとく生き残っている地方の言葉**。標準語では伝えられない微妙な感情のニュアンスを独特の発音・発声で伝える。消えていく流れにしても消してはいけない地方の宝かも知れない。当人たちは気づいていないが、特に若い女性のそれは、よそから来た者には実に新鮮で可愛く感じられる事が多い。広島の「来んちゃいね」で結婚した東京男もいる。平昌オリンピックのカーリングでの「そだね～」は多くの国民を虜にした。

【人間】

動物の一種。天使と悪魔、善と悪、理性と本能、精神性と獣性……等々の間を揺れ動く一筋縄ではいかない存在。医学、科学、哲学等諸学問の対象だがいまだ解明されない謎の存在。そして永久にその謎解きは出来ない？　もしも、謎解きが出来た時は人間の終焉の時？　唯一わかっていることは、人間のやることに絶対はないが人間は絶対に間違える。

【天才】

神からの最高の贈り物。超人的能力。**異次元、異世界の住人**。教育の枠を超越した才能。努力ではどうにもならない力。努力は天才の母、努力は天才を超えるという言葉もあるが、現実には、持って生まれたとしか言いようのない天賦の才、ある種の狂気、特殊・特別な能力を持った人間がいる、それを天才。人間世界にはいろんな世界があり、それぞれの世界には天才がいる。神の枠なはからいなのか、天才、意外にかなり多いのかも知れない。

「頭脳王」２０１８、東大医学部の神脳・河野玄斗、天才の中の天才を見よ。感動のあまり、言葉が出てこないで涙が出てくる。

【才能】

個性。個性のない人間はいないから、すべての人間には何らかの才能が与えられているが、自分を含め花開かずに終わる人が多いのは、自分の個性に気づかず、生かし切れていない人が多いということ。努力なしの才能もないから、努力を続けさせる力でもある。内から突き動かせてやらざるを得ない情熱で、好きでたまらないもので発揮される力。

【能力】

性格、目標達成意欲のこと。何になりたいか、何がしたいか、どういう価値観をもっているかなどの生き方・生活のスタイルが成果を決める。個別には知的・運動・芸術的・実務・政治的……等々実に多岐に渡る。自分の能力を適正に見出し生かした者が成果をあげる。個別の能力には恵まれていなくても、目標が明確でそれへの達成意欲が高く前向きな性格の者こそが大きな成果をあげる。

【ノブレス・オブリージュ】

利権漁りのために高位高官を求める人種とは最も遠い貴人。もっとも、利権漁りをしている当人たちにその自覚はないから困ったもの。いざという時には、率先して国家国民のために前線に赴き、命を投げだす覚悟ある高貴な人。トカゲのしっぽ切りのある日本では見られない。この国では、エライ人は高い所・後方にいて責任を取ることもなく楽をして、エラクナイ人は前線で働かされて、ミスがあれば責任を取らされる。外来語であるように、もともとそういう概念・実態はないから、日本語としての言葉もない。高貴なる者の責務と訳されてはいるが。

【エリート】

霞が関のエリート、丸の内のエリート、球界のエリート、政界のエリート、○○のエリートという風に頻度多く使われる言葉。本来の意味から離れて、翻訳されると日本風に変換されて使われるのが大衆社会・日本のいいところ。エリートらしくないエリートや、エリートに似つかわしくない人がエリートと呼ばれるのも愛嬌。**人格、品性を問われない、高学歴**だからという、霞が関の「エリート」が、エリートを自認してこの国の主権者としてふるまっているのが日本語のエリートという言葉のレベルを示している。

【人種】

政治、ビジネスの場などでは「○○は人種が違うな」という風に使う。**住む世界、価値観、毛色・肌合いが大いに違う人たちのこと**。いろんな出会いの中で、非常に大きな違和感を覚える人に出会った時には、人種が違うとしか言いようのないこともある。もともとは、白色人種、黄色人種、黒人種、赤色人種という風に、見た目の形態的な違いを指していた。

【民族】

「血は水より濃い」、ルーツ探しの元となる。血、文化、言語、土地を同じルーツとする。**風土に適応して同じような生活をする人たち**。民族国家、民族主義という風に政治的な意味合いを持たせて言われることも多い。

【日本人】

日本人だと思っている人たちの総称。日本人ほど日本人論の好きな人たちはいないというが、実際にいろんな日本人論があり、それでもやはり日本人の特徴はあるようである。海外からは日本人異質論が唱えられるが、それも日本人の特徴であろう。

個としては、突出して優秀でも個性的でもないが、全体としてはいい成果を上げているというのは不思議かもしれない。個よりチームとして能力を発揮する。「和をもって尊しとなす」の精神はいまも脈々と大筋として流れている。仲間内での人間関係に甘いせいでもないだろうが、具体的な自然、物への観察眼には優れ、抽象的思考、想像力には弱い。

【日本人の劣化】

今を象徴する英雄が見えないこと。今を生きている者に今は見えない事。「夜目遠目笠の内」「富士山は遠くから眺めたほうが綺麗に見える」「今頃の若いものは」ということ。戦前・戦中の日本人は優れていた？　勤勉で権力に抵抗もできず従順だったことが優れている？　政府・

軍部の指導者が優れていた？　絶対にＮＯ！　その無能・無責任・国民への背信は史上最悪・最低。あの時代に比べれば今の日本人は決して劣化していない。いつの時代を見る、視点をどこに置く、価値観は……の問題である。極めて、政治的な臭いのする言葉でもある。気を付けなければいけない言葉。バブル崩壊後の経済停滞、経済大国からの後退から生まれた諸問題・病理現象を切り取れば、高度成長期からバブルに比べれば劣化？

【変節漢】

ジキル博士とハイド氏といった方がいい。**ビフォー、アフターで言うことが１８０度違う。**その変節ぶりは唖然茫然、発すべき言葉もない、魔法、手品、芸術的でさえである。誰かの言で言うと、この男「２０００％」信用できない。外務大臣就任前と後の○○太郎。熱心にブログで数多く発信していたことと大臣就任後の言うことの真逆ぶりに言葉はない。確信犯、受け付ける余地は1ミリの隙間もない。ブログなど読んでいる奴などそんなにいるわけもない、何を気にかける必要などあるものか、権力になど逆らえるものか、という国民を侮蔑しきった姿勢が見え見えで怖ろしい。狡猾度、総理・番頭ともども抜きんでている。

【大人の対応】

うまいことやれ。**正義と道理にとらわれない。**清濁併せ呑む、世の中きれいごとばかりではないという。落としどころと妥協点を探る。汚れ役が必要、政治的に動けという。筋を通し、正論を吐くと青臭い、書生っぽいと言われる。この国の大人というイメージは、決して、清潔でも倫理的でもない。損得を第一に考えて丸くおさめる。一方、子供は純真と思われている。

【恥】

恥を知れ、恥さらし、恥をかく、恥の上塗り、恥も外聞もない、破廉恥、厚顔無恥、羞恥心、旅の恥はかき捨て、暗闇の恥を明るみへ出す……等々、恥をテーマにした言葉が多いということは、日本人はことのほか恥についての関心が高いといえる。あの「忠臣蔵」も恥をかかされた主君への仇討と思えば、日本人の忠臣蔵好きもよく理解できる。「君辱（はずかし）めらるれば臣死す」である。一方、現実の日本人は必ずしも恥に殉じてはいなかったので、ないものねだりで願望を表現したのだという説もある。いずれにしても、何を恥・恥ずかしいと思うかは人の価値観によって違うので、関心のほどには、日本人は恥・精神的ではない。アメリカの人類学者のルース・ベネディクトによる日本研究の成果である『菊と刀』によって日本は恥の文化とされたことが、実態以上に日本人は恥を重んじる民族だとされたきらいがある。**今の政治屋や役人の実態を見れば、日本人が恥を重んじる民族だとは決して言えない。**

【世間】

利害関係に関わりのある共同体のこと。日本はいくつもの世間の集合体で成り立っている。世間が違えば、赤の他人、何処かの馬の骨で何の関わりもない。旅の恥はかき捨てとは、見も知らぬ違う世間での出来事だから、恥ずかしくもなんともないという、「世間の文化の日本」を見事に表している。電車の中で化粧する女性がいるのも驚くことではない。

【組織風土】

組織固有の常識、考え方、文化、伝統、体質。個人としての常識、良心も麻痺させてしまうほどの暗黙の強制力を持っている。旨みの大きい組織ほどその強制力は強く、特に役所において顕著である。新社会人から入ったらどっぷりと浸り、外部とのズレ・違いにも意識すらなくなるほど一体化し、途中から入ると最初は違和感を覚えるもの。

【覚悟】

行動を伴って初めて意味を持つ、日本人の好きな言葉。特に言葉の軽い指導層にとっては、重い大事な決意を表すカッコイイ言葉と思われていて多用されている、本来の使われ方とは遠い不幸な言葉。

規範が厳しく、選択肢の少ない社会でこそ本来の意味を持つ。逃げ場のない最後の選択肢を、肚を据えて断行する。自由で選択肢や逃げ場の多い社会では現れ難い。事によっては命を落とす危険もある。幸か不幸か、**いまの日本では極めて稀なこと**。人生で1度あれば十分、2度あれば多すぎる。

【神話】

神の国だから、天・お上によってねつ造された虚構話。検察は正義の最後の砦。特捜は最強の捜査機関。霞が関は無誤謬。行政は公平・公正。日本は法治国家。主権在民。国会は国権の最高議決機関。三権分立。いたるところで、人をだますために使われる、実は、非常に安っぽくてやましい言葉。

【道徳】

自民党、文科省の役人が国民に要求する統治のための規範。**倫理破綻、腐敗した政治屋、役人が国民に要求するブラックユーモア**。統治される者のためにあるもので統治する者には必要ないとされているもの。支配層と一般国民とダブルスタンダードがある。右翼の大好きな言葉で、アベ政権のもと学校では教科化された。知識はなくても、隠さない、ごまかさない、嘘をつかない、誠実で丁寧・真摯な国民がどんどん増えてくるだろう。

【倫理】

自分のことは棚に上げて人に厳しく求めるもの。やってはいけないらしいという程度の規範。いろんな役所でいろんな不祥事の都度、いろんな倫理規定が作られるが、何の意味もないことは周知の通り。権限を持つと麻痺してくる職業病的な要素がある目標。支配側と被支配側の二重構造で成り立っている。

【宗教】

お布施や浄財を媒介に成り立っている救済的な教えとされるもの。苦しいときの神頼みではないが、葬式や法事の時だけでなく、**ひょっとしたときに顔をだす**。風土、自然・社会環境からの贈り物。生と死をつなぐものでもあり、生活の規範でもある。

【思想】

人との優位性を争うためにある高尚らしい考え方。東洋思想・西洋思想、20世紀を貫く思想、啓蒙思想、左翼思想、主体思想、ニーチェの思想等々、幅広い使われ方をする。

【哲学】

一家言のある人に使われることの多い言葉。古代においては学問一般のことを指していた。

あらゆる学問は哲学の一分野として生まれてきた。現在では、思想との違いは曖昧となっている。東洋哲学・西洋哲学、近代哲学、インド哲学、カント哲学、物理学の哲学、政治哲学等々、その使われ方は多岐に渡る。

【客観】

傍観者、無関心、判断留保。人は生きている以上常に価値的に判断し行動しており、その限りにおいて客観ということはない。当事者でない第三者の立場といえども、何らかの判断をすればもう客観的な立場はありえない。当事者でないという立場で客観というのは言葉の綾でしかない。中立、公平、公正と同じく、人が価値的に判断する以上、客観ということもありえない、

【正義】

自己正当化のための究極の方便。自分が、正しい、大義だと思っていること。時代はいうまでもなく、人や国などによっても違うのに、普遍的なものだと誤解されている概念。時として、人を攻撃するために利用される困った正義もあり、不正義を敢行するために持ち出される悪党の正義もある。問答無用の正義は危ない。戦争や争いのための大義名分となるやっかいな代物。ブッシュの正義も、フセイン、アルカイダ、ＩＳ、シリア・アサド、金正恩、安倍の正義もある。愛と同じく何にでもくっつく重宝な言葉。

【人権】

平時には意識されることなく、**非常時になって権力から剥奪・無視されるためにあるもの。**美しいおまじない。本当に人権を必要としている声を上げることも出来ない弱者には届かないもの。人間が人間らしい生存をしていくための最低限の権利。


【平和】

ナショナリズムと正義が息をひそめている期間。人命を無視する最大・最悪の権力行使が控えられている期間。憲法9条のおかげで平和があると思っている人も多いが、戦争を仕掛けることはできないという建前からは一面の真実でもある。70年以上も続くと「平和ボケ」と言われることもある。軟弱な平和ボケが嫌いで質実剛健な「ニッポン男児」をこよなく愛し、強烈な愛国心を有する人は、軍隊で鍛えられ、その鍛えられた軍隊の活用を密かに願っているらしい。


【戦争】

現代では、正義のための争いらしい。**大量殺人を正当化するための権力者の口実。**国益という名の特定集団益維持のための国家間の殺し合い。最高権力者の暴走によって勃発することもある。古来、人間の歴史は戦争の歴史であり、その理由は、戦争の数ほどある。最近ではテロ組織との戦いも戦争と呼ばれることも多い。恐ろしいことに、戦争をなくすための戦争というのもある。そのうち、〇〇政権が続き歴史の書き換えが行われれば戦争という言葉もなくなり、平和維持活動という言葉に代わるかもしれない。昔、戦争という言葉があってね、と。

【イデオロギー】

政治的思想を知的ファッションにしたものが、暴力・武力行使を正当化するものに転化。**冷戦時代の華**だったが現代では目や耳にすることは稀。マルクス主義イデオロギーが代表的だったが、共産圏の崩壊と共に廃れてしまった。

【革命】

右翼のスローガン、キャッチフレーズにまで成り果てた言葉。生産性革命、人づくり革命とかに使うらしい。右翼もこの言葉にあこがれを持っていたのかと思わせる表現。あるいは、こけ脅しにすぎないことを示す戦術用語。空虚で軽い言葉遊びも来るところまで来、時代が変わったことを感じさせる言葉。かつては、一部の人間―特に若者―にとっては理想であり、一部の人間―特に権力側―にとっては恐怖であり、熱い血が流れ光り輝いていた言葉。

【民主主義】

我田引水の泉。**都合が悪くなったら持ち出す都合のいい言葉**、最後の砦。この言葉を持ち出したら形勢不利を認めた時と思っていい。「群盲象をなでる」のように、その人が理解する民主主義がある。中身、成果、結果より手続が重視されることが多い。倒産する恐れがなく、仲間内の馴れ合いと責任回避が文化の役所に最もふさわしいシステム。

【国民主権】

日本国憲法に高らかに謳ってあるお題目。**選挙権を与えられ投票させていただけること**。この国の実態は、主権在官、官僚主権であることが広く知られてきている。○○政権下、憲法改正論議の中、消えていく概念かも知れない。

【民意】

テレビ、新聞の誘導によってつくられたマスコミの意見を民意という。マスコミはまた、役所の誘導によって動かされ、結局は**役人にとって都合のいい意見**。国民は報道によってしか事案を知る術はなく、フィルターを通しての感情的で薄っぺらな意見とならざるをえない。非常に移り気で定見はないのも止むを得ない。

【民度】

自分は除いた国民の意識のレベル。人によって理解の異なる民主主義の成熟度の程度を指すらしい。民度が高い、低いと優劣的に使う。


【市民目線】

権力者にも、正義を標榜する普通の国民にも使用される都合のいい言葉。この言葉を持ち出されると、何人も反論できない風ができつつあるがその実態は不明。

注目されたのは小沢一郎に起訴相当を下した、詳細不明で秘密の検察審査会の議決で、その威力を遺憾なく発揮した。法と証拠さえも超越した絶対的意向で、その気になればできないことはない。平均年齢が30・9歳、33・91歳、34・55歳へと不注意・計算ミスで訂正されていった11人でも国民目線、市民目線なのである。**極めて若い人が全国民の代表的意見を代弁できる程度の目線**。


【記者クラブ】

役所から流される役所に都合のいい情報を特定のメディアが独占的に垂れ流す**大本営クラブ**。

役所から与えられた部屋は税金で建てられた役所内にある。官・報癒着の日本特有の制度。

【文明の利器】

老人を置いてゆくもの。科学技術の進歩は文明の利器の発明の歴史でもあり、人々の生活に多くの利便をもたらしたが、最近の急速でめまぐるしい機器の新投入は、ついていけない多くの老人に悲哀ももたらしている。文明の、技術の新しい利器についていけなくなった時が老人の始まり。

【インターネット】

生の情報の流通広場。大新聞では報道されない真実、もう一つの事実、異論など多様な情報が交流している場。権力にとっては不都合な事実も多い。

ウィキリークスに見られるように情報公開、情報、伝達の革命の時代が始まったといえる。情報、ニュースはネットでと新聞の購読をやめた人も多い。

企業や行政などの仕事のあり方を大きく変えたのはもちろん、個人の生活のありようにも大きな変化をもたらした。ネットにはまった生活をしている人も多い。現代の魔物。

【ビジネスホテル】

「安くて申し訳ない」と宿泊客に思わせることもあるホテル。世界に誇る日本の**コスパ最高の激安ホテル。**ビジネスと名前はついているが、利用者は学生をはじめOL、定年退職者、外人……等多岐に渡る。旅行好きにとって、大きく背中を押してくれる心強い味方。鉄道、バス、観光地……旅行業界は足を向けて寝られない。

【防犯カメラ】

のぞき趣味、のぞき社会。国民全員犯罪予備軍視。犯罪防止という建前のもとに監視社会強化、警察国家へ。

下半身露出で逮捕というニュースが多いように、露出狂という人間は多い。同様に、のぞき趣味という人間も多い。のぞき趣味を満足させるために、もっともらしい職業や手段に興じる人間も多い。人の秘密を知る職業についてのぞき趣味に目覚めることもある。防犯カメラがのぞき趣味の人間の興味を引くことは間違いない。

【ホームレス】

憲法にも見捨てられた人たち、棄民。自己責任の極致で放置された人、あるいは究極の自由。声も上げることのできない本当の弱者は政治からも行政からも見捨てられるという一つの例。住む家もなく、飢えに苦しみ、寒空に震え、野垂れ死にの恐怖を望む誰がいようか。なにか事件があってマスコミ報道された時は思い出されるが、すぐまた忘れ去られる。

4章　歴史

【歴史】

連綿と続いてきた人間の営為・思考を、変える事のできない出来事と新しい発見・解釈によって変えられていく出来事で織りなす物語・記憶・記録。**見てきたように遠い昔の出来事を書いていく。**過去を現在の権力者の都合によって対話し直すこともある、気をつけないといけない物語。国家間の争いの原因になることもある。「愚者は経験に学び、賢者は歴史に学ぶ」という格言があるが、経験からも歴史からも学ばない者の自らを含めなんと多いことか。彼らのことは何と呼べばいいのでしょう。

【歴史的】

アベ〝事大主義〟男の枕詞。何があっても歴史的と自画自賛。歴史教科書は何ページあっても足りない。安売りされ過ぎて何が本当に歴史的なのかわからなくなっている。真に歴史的な事態の**戦争が発生した時も、いつもの歴史的なことと馴らされていて、事の重大さに気づかないかも知れない。**権力の歴史的という発言には気を付けないといけない。もっとも、〇〇にはそこまでの深い知恵はないが取り巻きの官僚が……。

【日の丸】
定例会見で官房長官が軽く拝礼する旗。国旗国歌法制定以降は役所・公共施設や私立学校等でも掲揚されている。国歌は、本来の狙い通り、学校現場ではほぼ強制になった。軍国主義・戦争のイメージとオリンピックやワールドカップで活躍する旗との落差は大きい。

【お寺】
葬式のときに思いだし、お世話になる場所。長い歴史の中で全国各地に有名な観光名所となっているところが数多ある。6世紀末から7世紀初頭に蘇我馬子によって創建された飛鳥寺がその初めてとされる。政治色の非常に強いものであった。

【神社】
田舎にいると寄付を強制徴収されるとき思いだす。正月に行く場所と心得ている人も多い。全国各地で主要な観光名所になっているところが多い。靖国神社で騒がれる時にニュースで目にするが一過性である。熱狂する人と無関心の人との落差が非常に大きい。**宗教、信仰の問題より政治の問題の方が大きい。**

【祭り】

そもそもは神事・儀式。それぞれに故事来歴があり、多くの人々が集う楽しみな伝統行事。今は地域起こし。ハレの日でお金を消費する日。寄付を徴収される日。ボランティアに駆り出される日。主催者・協力者と見物客の落差の大きい催しごと。

【歴史上の人物】

こういう分類をすると，歴史も身近で人間臭くて面白いと思いますが。以下、好きから非道まで30項目に分類し人物を記載してみた。皆さんならどういう分類をし、どういう人物を記載されるでしょう。人物像はあえて記載しません。大いに脳が刺激されると思いますが。

好き 石田三成　島左近　大谷吉継　真田幸村
嫌い 大久保利通　岩倉具視　山縣有朋
心酔・無私 西郷隆盛
軽蔑・卑劣 東條英機　牟田口廉也　辻政信　服部卓四郎
魅力 織田信長　黒田如水　竹中半兵衛　勝海舟　土方歳三　榎本武揚
天才 稗田阿礼　聖徳太子　阿倍仲麻呂　空海　紫式部　源義経　世阿弥　運慶　織田信長
葛飾北斎　歌川広重　東洲斎写楽　俵屋宗達　伊藤若冲　井原西鶴　近松門左衛門　関孝和
平賀源内　佐久間象山　南方熊楠　岡潔

異才・先駆　山脇東洋　華岡青洲　植木枝盛　千葉卓三郎　幸徳秋水　水野広徳
反骨　板垣退助　江藤新平　斎藤隆夫
英雄　天草四郎　田中正造
権勢　蘇我馬子　藤原道長　平清盛
天下人　徳川家康　豊臣秀吉
名君　前田利常　徳川光圀　保科正之　上杉鷹山　島津斉彬　山内容堂　松平春嶽
名将　上杉謙信　武田信玄　今川義元　前田利家　伊達政宗　北条早雲　毛利元就　加藤清正
　井伊直政
猛将　島津義弘　柴田勝家　福島正則　丹羽長秀　本多忠勝
宰相　鈴木貫太郎　浜口雄幸　幣原喜重郎
革命児　織田信長
風雲児　坂本龍馬　岩崎弥太郎　高杉晋作　久坂玄瑞　大村益次郎
英明　恩田木工　山田方谷　小栗上野介
忠義　楠木正成　大石内蔵助
頭領　源頼朝　足利尊氏
女傑　北条政子　日野富子
野心　明智光秀　北条時政

反逆児　平将門　藤原純友

信念　大塩平八郎　松平容保　河井継之助

証人　太安万侶　太田牛一

悲運　源義経　浅井長政　井伊直弼

強運　伊藤博文

梟雄　斎藤道三　松永久秀　宇喜多直家

お騒がせ　木曽義仲　由井正雪　天一坊　絵島・生島

非道　石原莞爾・満州事変　辻政信・シンガポール華僑虐殺　石井四郎・731細菌戦部隊
軍・九大医学部による米兵捕虜人体実験（殺人）　サンダカン死の行進　沖縄守備隊・根こそぎ動員　赤松隊長・伊江村避難民処刑等日本軍による50件弱の沖縄県民虐殺　特攻・回天自殺攻撃

【玉砕】

なんとまあ美しい言葉、玉と砕けて散る。めくるめく世界が待っているような錯覚に陥る。喜んで死にたくなる。**全滅を言い換えたまやかし、だましの言葉。**人間を虫けら以下に扱い、自国の兵隊を殺すことを勲章とさえ思っていた戦争をしたい日本軍の一部の指導層の狡猾・欺瞞、殺人美化のための言葉。日本軍兵隊必殺の戦法。

【天城山心中】

「流転の王妃」の結末。生みの親＝関東軍、悲劇の主＝愛新覚羅慧生。背景＝満州事変、「満州国」の創設。関東軍にあらざれば人にあらず。


【慰安婦問題】

意地を突っ張り、とにかく冷静になれない問題。愛国心を揺さぶり日本人としての魂の問題らしい。その熱は理性を溶かしてしまう。慰安婦でなく、**韓国、朝鮮人を心の奥深くでどう思っているのかを、認めたくもないだろうが、見つめた方がいい問題**。事実かどうかでなくではなく、まさに民族・歴史認識の問題。大東亜共栄圏の名のもとに、日本軍・関東軍が、すべてではないが、いかに悪逆・非道なことを内外で行なってきたかを冷静に見れば答えはおのずと出てくる。冷めた者は事実を見、愚者は信じたいものを見る。


【特攻】

狂気。残虐非道。自国兵必殺作戦。**快楽殺人**。**強制自殺**。という一つの評価だが、右からも左からも、評価・視点は様々あり、帰還隊員の思いも様々あり、その評価は永遠に定まる事はないだろう。

【硫黄島の戦い】

戦死率96％。降伏なしで挑んだ、**大局からは最終局面において敗戦を遅らせ悲惨な戦死者を増やしただけ**の、それが戦争とはいえ36日間の不毛な抵抗。水もない地下熱の高い火山島に26キロの地獄の地下塹壕を掘りゲリラ戦で抵抗。「よく戦った」は美談にもならない。太平洋戦争屈指の激戦。映画を含め関連作品が非常に多い。

【草食動物】

日本人のこと。「日本人はもともと草食動物であった。青々とした緑に周辺を囲まれている中で食糧がないことなどあり得ない」。死者3万人、傷病者4万人、「白骨街道」、武器・弾薬・食料の補給なしに精神力で戦えという無謀・出鱈目なインパール大作戦の首謀・実行者である牟田口廉也・第15軍司令官の訓示のお決まりの言葉。

【佐藤中将の「心神喪失」】

日本陸軍の無謀、無能、無責任、暴走、非道、人命無視、責任回避の手口が体現した典型的事例。陸軍史上初の師団長独断の戦場撤退―陸軍刑法（抗命罪）違反―にも関わらず、戦場の真相・実体が明らかになるのを恐れ軍法会議にもかけられず「心神喪失」扱いとされ、軍上層部への責任波及を回避した。独断で師団長他を解任し、任命大権を犯した牟田口司令官の責任は不問。「**大本営、総軍、方面軍、第15軍という馬鹿の四乗がインパールの悲劇を招来したのである**」という佐藤中将の言と責任転嫁・責任回避し戦後ものうのうと暮らし79才もの天寿を全うした牟田口の姿勢が日本軍の本質をよく表している。

【ガダルカナル転進】

戦える武器弾薬も食料も持たず、明日は知れず、昨日も今日もジャングルの中をさまよって、草の根を掘り、水たまりを探し、骨と皮の身を夜露に濡らし横になり、そのまま飢えて死ぬこともある。辻政信「作戦の神様」は日露戦争時と同じ肉弾バンザイ突撃、戦争は精神力で戦うのだと宣う。精神は御霊となって靖国の英霊に。ガ島は餓島、死の島。白骨の島は大惨敗、敗退を転進と言う。**英霊でない「神様」はさっさと本土にご帰還、これはもう本当のご転進。日本軍指導部の見事なお姿。**2年は暴れて見せるという山本五十六長官の言もむなしく、開戦1年ばかりで、破竹の勢いだった日本軍の大敗北。ミッドウエー敗戦に続き、太平洋戦争の流れが完全に変わった瞬間。ガダルカナル転進、歴史に残る悲惨な自爆攻撃。

【ミッドウェー海戦】

敗けるべくして敗けた戦闘。**辻褄合わせの作戦ありきと情報分析なしの日本軍の特質の一例。**アメリカ留学経験からアメリカの力を知る山本五十六の短期決戦に賭けた作戦の失敗。太平洋戦争開戦6か月にして大惨敗を喫し、緒戦の歴戦連勝からの逆転となった敗戦。これを機に敗走を続けて行くことになる。

来るはずはないと思い込んでいた米空母からの攻撃にパニックとなった無様な戦いは悲惨。空母4艦他・航空機220機の壊滅、兵員3千人の死没。昭和17年6月、ハワイ西方2200キロのミッドウェー島を占領し、ハワイ侵攻、米本土攻撃を計った机上の空論。

【真珠湾奇襲攻撃】

「ニイタカヤマノボレ一二〇八」。実質の日米開戦。**宣戦布告なしだから攻撃。**山本五十六長官指示のもと周到な準備、計画しての攻撃。戦艦破壊等に多大な戦果をあげるも、結果としてアメリカ国民の結束を高め、アメリカ参戦の引き金となる。

【2・26事件】

4日間のクーデター。天皇親政の昭和維新、皇道派領袖真崎内閣の樹立を狙う。真相は杉山陸軍大臣の意向で封印。組織防衛の秘密主義、隠蔽体質。首謀者は闇の中に逃げる。重臣を殺害された天皇の怒り。軍上層部の二転三転の日和見、無責任、権力闘争。軍事参議官の右往左往、無能力（迫水久常・当時総理秘書官の証言）。真崎大将の無罪、隠蔽。青年将校の幼稚な純情と戦略なき後はよろしくの蜂起。何も知らされず演習と思って従った初年兵等。武力行使の旨味を知った軍部による政治支配の始まり。内閣は軍部の同意なしに組閣できなくなった。軍国主義、軍事国家への加速。軍法会議の検察官・匂坂春平文書の発見により真相究明が進むか。

【満州事変】

独善・独断・身勝手・下克上、戦争を仕掛けるためには何でもありの暴走関東軍。**石原莞爾が引き起こした宣戦布告なき戦闘による満州占領**。謀略という名の嘘で上官の関東軍司令官をだまし、大本営に嘘をつき、朝鮮軍にまで統帥権干犯の越境進軍をさせ、日本を戦争の時代へと引きずり込んだ満州全域での武力行使。これが、戦争の時代、太平洋戦争への口火。

【西南戦争】

西郷死して星・「西郷星」となるカリスマ西郷の戦争。庶民の正義は西郷にあった。**腐敗・汚職が目に付く成金新政権に不満を募らせた下級武士等が新政権の挑発に乗り、西郷を担いで戦った戦争**。明治新政権における最後の内乱。自分は死ぬことはない、安全なところにいると思っている人間が下級兵士・国民の命など軽いものだと思っていることを表した、その後の中央集権政府・軍部の思考の最初。田原坂の激闘で勝敗決す。

【明治維新】
黒船来航等に見られる外圧を利用して体制を自分たちの思うように改変しようとした、その後の日本でよく見られるようになった最初の事件。徳川最後の将軍15代慶喜の大政奉還を大きな契機に天皇親政等への多岐に渡る一連の改革を指す。日本の近代国家への始まり。今年は明治150年になる。

【江戸城大奥】
女性の一大職場。江戸城の6割を占める将軍家私邸。秀忠の正室・お江と家光の乳母・春日局によって整備される。大名家と将軍家をつなぐもう一つの政治の役割を担っていた。幕府予算の25%を占めるほどの勢力を誇っていた時もあった。江戸時代だって女性は活躍していたのである。

【江戸城無血開城】
西郷と勝海舟の芸術的腹芸。誠意と肚が大事をなした江戸焦土化が回避された瞬間。陰の主役は最後の将軍15代徳川慶喜。

【大坂夏の陣】

戦国時代最後の戦。関ケ原の戦いから15年、ダメ押し、最後の一撃、後顧の憂いをなくす。**盤石の徳川一強への最後の仕上げ**。家康嫌いの一つの大きな要因。多くの物語を残す。

【江戸開府】

ピンチはチャンス、大逆転。秀吉の思惑外れにして最大の功績。家康の先見の明、決断、空前の都市創造。小田原、鎌倉でもなく、海が入り込み沼地の広がる寒村に過ぎなかった江戸を選び移封した家康はスゴイ。**現代日本の礎**。

【関ケ原の戦い】

豊臣恩顧の有力大名が徳川方につく心理の綾。野心と忠誠の戦い。思惑渦巻く豊臣政権内の複雑な人間模様の最終決着。徳川幕府樹立への戦い。

【中国大返し】

やれば出来る。意欲・知恵・計画・行動力。**ほんまかいなの200キロ10日間大強行軍**。備中・高松城攻めを毛利と講和してから山城・山崎の合戦までの行程。羽柴秀吉天下人への道。持つべきは名参謀、そして黒田官兵衛が秀吉に警戒される契機に。

【本能寺の変】

歴史に「ｉｆ」を持ち込みたくなる最大の事件、信長が生きていれば……。明智光秀による日本史の一大転換の事件。**要因は50以上の諸説があり未だ定説はない。**謀反人・光秀の娘の細川ガラシャの悲劇が涙を誘う。

【応仁の乱】

戦国時代への序章。**目的も意味もわからなくなったもうグチャグチャの11年間の不毛の争乱。**京都は壊滅的な被害を受け荒廃の街に。

【元寇】

台風が最高の戦力、神風という。2度の蒙古襲来。1敗と蒙古自滅。**北条時宗は情報なしと思い込みから戦い決意。**5度にわたる元からの平和的な国書無視の後の文永の役は1日で博多蹂躙し1夜で撤退。強大な武力見せつけ6度目の国書も使者は斬首。弘安の役へ、蒙古軍台風で壊滅。生き残った者は10万人のうち3人という説もある。南宋の存亡と時宗の姿勢が戦の性格を左右。

【鎌倉幕府の成立】

素人目にも大きな時代の流れというものはあると感じさせる出来事。貴族支配から以後700年に及ぶ武家政権への転換。**ある体制はその発展の中に矛盾を抱えその矛盾の中から崩壊していくことを教える。**源氏は3代で滅亡し北条氏が執権政治を続ける。後醍醐天皇の建武の新政で150年の幕を閉じる。

【平安女流文学】
女性は1千年以上前の昔から活躍していたのである。宮廷文化の中で花開いた女房文学。ほぼ同時期に多くの才女たちが誕生したのは奇跡的。「源氏物語」「枕草子」「蜻蛉日記」「更科日記」「和泉式部日記」「成尋阿闍梨母集」等々の作品群を残す。万葉の女流歌人の活躍を下地とする。

【記紀】
記録された日本史の始まり。「古事記」、「日本書紀」。天皇統治の正統性を記述するのが目的。

【大化の改新】
政変。蘇我氏の滅亡。中大兄皇子と中臣鎌足による乙巳の変＝入鹿暗殺と蝦夷の自害から大化の詔の公布までを指すが、日本書紀の記述に疑義がもたれ、諸説ある。豪族中心の政治から天皇中心の中央集権政治へ。「日本」・「天皇」**の称号と元号の始まり。**

【空白の150年】

歴史がつながらないミステリーロマン。邪馬台国から大和政権までの150年の間に何があったのか、その位置関係を含めての謎。最近の遺跡発掘により大和政権の100年前倒しの可能性が出てき、謎解きが進み**邪馬台国と大和朝廷がつながる日がくるのか。**

【邪馬台国】

想像力の宝庫。候補地は全国に広がっている。ニュースの度に興奮。**歴史ロマンと論争、最高のエンターテインメント**（研究者には失礼、いや研究者も楽しんでいるか）。おびただしい映像含む関連作品が楽しませてくれる。「魏志倭人伝」解釈と新たな遺跡発掘で研究進む。金印が発掘されれば決め手になる時と言われる。

【卑弥呼】

伝説の女王。**クレオパトラ、楊貴妃、小野小町よりも会ってみたい。**永遠に解き明かされることのない美女、と思いたい存在。「魏志倭人伝」の世界。

【弥生人】
大陸からの渡来人と縄文人の混血。多くの系統があるらしい。佐賀・吉野ヶ里遺跡。

【縄文人】
ルーツ探しの血が騒ぐ。青森・三内丸山遺跡を通してイメージが膨らむ。ＤＮＡ研究の急速な進歩から復元像も公開。女性―身長１４０㎝、肌は色濃く目は茶色髪の毛は濃く縮れているとされる。

5章　政治の用語

【政治】

権力の分け前に与かろうとする活動。利害関係を我が方に有利なように調整する行動。税金の配分を関係者に有利に誘導する活動。国家・国民のためにという、きれいな言葉が切り離せないが、国民が誰のことを指しているのかはまったく不明なところがミソ。建前と本音が大きく違うのがこの国の政治。政治的とは建前と本音をうまく使い分けて丸く収めるということ。**ウソとごまかしを隠し通して我欲を維持し続けるのが一流の政治屋。**ウソも隠し通し言い続けると信じられる。それにしても、「アベ政治」とやらは、高くもない官僚のモラルを破壊しつくし、ジャーナリズムを弾圧し、国会・国民を無視・愚弄し続ける、身内・仲間のための究極の政治。政治屋にとって理想の政治は一強、独裁。国民の求める政治と権力の求める政治は見事に相反する。

【政治主導】

日本が実態として法治国家でも主権在民の国でもなく、官僚主権の官治国家であることを一

部の政治家が唱えだしたこと。実態のなかったことであり、どこまでも言葉先行で、実現のための具体的な戦略も戦術もなく、中身のないスローガンに過ぎなかったことが明らかになった。政治主導を唱え、政権交代を果たした民主党政権であったが、総理に人を得なかったとはいえ、官僚の狡猾さに敗れ、官僚の権限・利権の強大化より進む。

【権力】

人の自由を奪う強制的な力。責任を問われないように匿名で行使する霞が関が究極。

【一強】

独裁を言い換えた表現。撤退を転身、敗戦を終戦と言い換えたように。独裁と言えない、書けない、声を上げられないところに今のこの国の病理がある。

○○首相の、好悪が激しくすぐ切れて直情的で自制のきかない強権・強圧・懲罰的、攻撃的かつ狡猾で特異な性格から霞が関はもちろん与党内、マスコミまでもが忖度・自主規制・委縮して自由に物が言えない、政権のやりたい放題の状態。禁じ手、異常な国会・政権運営が続いてもどこからも問題視する声も上げられず、ノーチェックの権力の暴走状態。仮面の民主主義、民主主義の死んだ状態。小選挙区制の想定される最悪の事態の出現。

【反小沢】

今ではほぼ死語。マスコミ挙げてのスサマジイ小沢叩き。そういう時代もあった。政界の最高実力者と称され、国民的不人気の小沢一郎に反対の言辞を弄することで名を売ること。米ソ冷戦時代に反米を唱えることで飯を食っていた学者・評論家に倣う。官僚とマスコミによって増幅される。今（２０１８年）となっては、**権力者にも自由に物が言えた古き良き時代**。

【異例】

反知性、恥知らずの武器。常識・ルール・正当性破り。権力の乱用、圧力、横紙破り、正義封じ、問答無用。通常でない異常な出来事の裏には不当な力の働きかけ或いは不正な動機、不都合な真実の隠蔽があることは自明の理。特定秘密保護法・安保法制・共謀罪等強行採決。自衛隊南スーダン日報隠蔽。加計学園獣医学部新設。森友文書改ざん事件。厚労省裁量労働制データ大デタラメ。辺野古基地反対運動の山城博治・森友問題の籠池夫妻の長期拘留。山口敬之レイプ事件もみ消し。前川喜平授業調査事件……。

【モリカケ疑惑】

持つべき友は、取り巻き・役人から忖度されるほど力のある首相と首相夫人と教えてくれた事件。普通の常識で判断すれば犯罪・不正となる事件が疑惑とされている案件。一**強政権時代**

の友情と恐怖の産物。○○首相と○恵夫人のお友だちに関する事で、あり得ない・前例のない事が次々と起こり、あり得ない大幅値引きや認可が実現。「森友」小学校は○恵夫人が途中で逃げたためとん挫したが腹心の友の加計学園は獣医学部オープンまでこぎつけた。利害関係のある特定の人間に税金等を優遇配分するという行政をゆがめた、お友だち優先の人らしい疑惑。韓国では朴槿恵前大統領が親友の女性実業家との間の不正な関係を問われ（それだけではないが）懲役30年を求刑されている。韓国の方が権力へのチェックは公平・公正・透明。

【嘘つき】

自分にとって不都合な相手のことを呼ぶ名称。追い詰められて余裕がなくなってくると苦し紛れムキになって相手を「嘘八百」と叫ぶこともあり、ますます自分に後ろめたい事があることを白状するような事態になる。権力者なら相手を発言できないような場所に非人道的な長期に渡り閉じ込め、一方的に嘘つき呼ばわりすることもできる。決して、立派な人が発言する言葉ではない。自覚のないものと意図的なもの、無知からのものとある。

【二枚舌】

狡猾な処世術。永田町に非常に多く生息。良い事と悪い事はわかっているらしい。馬鹿ではない。不祥事が発生すると一気に目立つ。テレビ等で発言する時は国民目線からのまっとうな発言をし、党内・親分の前では悪事に同調・擁護し、発言する場で言うことがまったく違う。**正義より欲得を重視する確信犯的な嘘つき。**

【失言】

本音のこと。常識、社会通念から許されない差別的、非人道的、時代錯誤的な発言。身内の集まり、地方・田舎で気分のいい時・気を抜いた時に出る。時に、逆上して、思い上がりから出ることもある。「こんな人たち」、「提出した法律の説明は正しい。私は総理大臣なんだから」、「婦人に参政権を与えたのが最大の失敗だった」、「金がねえなら結婚しない方がいい」「友達の友達はアルカイダ」、「女は子供を産む器械、装置」、「(大震災) 東北地方でよかった」。

【腹心の友】

淫靡・秘密めいた臭いのする普通には使われない違和感を覚えさせる語。日常生活で使ったことのある普通の日本人は、刎頸の友が使われないように、いないだろう。加計学園疑惑で安倍首相が使って初めて聞いた人が大部分、アベ語。金のかかる友のこと。**表には出せない悪事を共有し、墓場まで秘密をもっていく間柄の友。**

畏友、親友、知友、心の友、生涯の友、無二の友、学友、旧友、竹馬の友、幼友達等では決してない。

【適材適所】

政権にとって不都合な真実を握られている人物を大抜擢・異例の栄転をさせ口封じを計ること。恩を着せ着せられ、弱みと欲で利害が一致したいびつな人事。○恵夫人の個人秘書がイタリア大使館への異例の大抜擢、佐川理財局長の国税庁長官の栄転人事で盛んに答弁された。また、「お友達内閣」と称された第一次安倍内閣で多用されたお友達を政府の要職に大勢重用する人事もある。安倍政権で特に著しい私的利害関係で多用される人事のこと。

【任命責任】

エライ任命権者であって、責任はないのだから、任命責任という言葉は存在しない。○○シンゾウに「俺はエライんだ」と確認させること。馬の耳に念仏。カエルの面に水。

【説明責任】

求めるものでするものではない。安倍昭恵、稲田朋美、小渕優子。だんまりを決め込む。雲隠れして一件落着。真面目な人はすり替え、はぐらかす。70年代から、アメリカでは行政府・役所は主権者国民へ税金の使い道をすべて明らかにする責任を負うとされている。

【責任】

普段は意識することも、させられることもないが、何かあったときにそうだったのかと意識させられる言葉。しっぽ切りされる立場とわかること。**この言葉を感じなくなったら大物の証拠**。面白いのはお飾りの大臣で、役所で実質の権限はないのに、役人の不祥事があった時に、責任を取って辞めるのがかっこいい、最大の仕事だと思っているらしい。実質の責任がないものが詰め腹を切らされるときに使う。

安倍首相の大好きな常套句で自分の権力の大きさを誇示するために使う。あるものらしいがとるものではないので、その実態を見た国民はいない。立場、見方が違うと無責任と同義語となり、使い方の難しい言葉である。

【こんな人たち】

この程度の総理が、官僚の原稿ではなく自分の言葉で発したらこの程度になるという事例。味方か敵かという思考しかない単細胞回路からの発言。この人の全てが感じられる。腹心の友でも家庭教師でも側近でも取り巻きでもない、分断され切り捨てられ差別される側の、この人にとって無縁の人たち。

【国難突破】

明治、戦前・戦時中を理想とし勇ましい発言が大好きな○○首相らしいアベ語。**外遊三昧・ゴルフ・豪華食事・観劇等を楽しみながら、選挙用にいきなり言われて大多数の国民がキョトンとしたアベ語**。少子化、北朝鮮の脅威とかが国難らしい。大きな課題にしても、スケールが小さい。戦前、戦時中にはしょっちゅう使われていた。「挙国一致で国難突破」「国難突破に皇民一致せよ」「国難突破緊急国民集会」「国難突破へ総進軍」という風に。次に来るのは「非国民」か「国賊」か。最終的には平和維持のための平和維持活動＝戦争か。

【印象操作】

答弁席から悪意あるヤジ、嘘のヤジをとばし、なにかと嘘を並べ立てる首相の、嘘も言ってしまえば嘘が独り歩きし信じる奴もいるだろう、嘘も言ったが勝ちとばかりに、**嘘で世論を誘導しようとする言動**。もっとも、思い違いの激しい本人は、野党から攻撃されることが印象操作だと思っているようだ。横綱相撲の取れない○○姑息政権の特質の一つ。

【尊崇】

自己陶酔するためで誠のある言葉ではない。「俺はエライんだ」と思っているあの人が特別の時に発する。「国のために戦い、尊い命を犠牲にされた**御英霊**に対して**哀悼の誠**を捧げるとともに、**尊崇の念**を表し、御霊安らかなれとご冥福をお祈りいたします」とセットで使用される。

俺も、この言葉を、靖国の地で遺族の尊崇を背に受けて実際に使ってみたいという思いが感じられる。普通の人が自分の言葉として使うことは一生を通してない。

【立場】

言っていたこと・言っていることとやっていることが違っているのを正当化するときに使う。前言を翻す。立場が変われば考え方も身の処し方も違うということ。定見、信念があって発言しているわけではなく、立場がそう言わせているということ。立場が変われば発言もまた変わってくるということで、信用できない人と告白しているに等しい。**保身のためにある言葉**。

【解釈】

我田引水。**黒を白と言いくるめること**。現状を変えようとする者が目的のために日本語の意味を強引に変えること。一つずつの単語が、まとまった文章となるとその意味がまったく変わること。憲法９条を戦争できるようにするため、無理を通して道理を無視することが代表例。

【平和憲法】

安倍政権までは、戦争を仕掛けることは出来ないという憲法解釈を守ってきて戦争しなかったのだから、**憲法が平和を守ったのは間違いない。出来ないということはしなかったのだから**。

が、現実に自衛隊の存在があり、自衛隊は軍隊だと言った総理大臣もいた。その解釈をめぐり護憲派、改憲派で国論は二分されている。今、安倍改憲可能政権下で岐路に立たされている。子供たちに戦争のできる国を残すのか、戦争のできない国を残すのか、この国の形が問われている。

【憲法9条】

戦争放棄、平和憲法の象徴にして、憲法改正派の目指す本丸の条項。現実には、建前上は軍隊ではないという自衛隊を保持して真実を歪曲し、既成事実の前に理念、本質を黙らせる、**この国の二重構造、矛盾、建前と本音の使い分けの象徴。**

【国会】

官僚の作った法案や予算をそのまま通すのが役割と錯覚している人たちの儀式の場。法案や予算の承認後の実務上の決定権、現実の権限の行使は役人の裁量に任せる公式の権力移譲の場。**民主主義国家という偽装、虚構の象徴。**形式上にしか過ぎないのに国権の最高機関というという欺瞞、ウソがまかり通る、お上に従順な日本人の象徴。役人にとっては、やりたい放題にお墨付きを認めてもらったありがたい場。

大臣・官僚と議員の質疑の場であって、議員同士の議論の場ではないことは議場の席の配置を見れば自明のこと。安倍一強時代に至っては、もはやまともな質疑・答弁の場どころでさえない。ただ、議員であることを証明するためだけの場。

【ねじれ国会】

法案自動処理機関の国会を当たり前と思考停止している人には困った、衆参で与野党が逆転の議席数の国会。利害関係のない多くの国民には、**法案チェック、政府・行政監視のあるべき姿**。役人が思惑を込めて作った法案をやみくもに通すだけが国会の本来の姿ではない。一番困っているのは、法案通過にともなう公認の新たな利権、天下り団体を作れない役人。

【国民】

国家を構成する被統治者、被支配者。税金を払う人、払わせられる人。国籍と住民票のある人。オリンピックの時に目覚める意識。国民のために国家は死なないが、国家は国民を死に追いやることがある。政府の言うことに反対すると非国民と呼ばれた時代があったから、その内また非国民と呼ばれる人が出てくるだろう。「こんな人たち」はその最右翼。いや既に、「共謀罪」の逮捕候補リストに載っているかもしれない。

【選挙】

民意を問うという**政治業界維持のためのガス抜きのイベント**。国民はそのレベル以上の政治家を持つことは出来ない、は正しい。選挙で選ばれた議員は、良くも悪くも、その時の民意であり、受け入れるしかない。それが国民のレベルであり、選挙というものである。地方議員は別として、国会議員選挙は、地域エゴ・利権を排除するために選挙区を大きく拡大し、地域代表の役割を薄くすれば、現在よりは大局的な議員が選ばれる可能性は高くなるがタレント議員の増加や投票率は下がる可能性もある。選挙制度によって、民意の結果、選挙結果は大きく変わる。それを含めて、選挙は民意、国民のレベル。

【政府】

権力志向の強い人間が国民を統治するための機関。立法、行政、司法という国家の3機能のうち、行政府のことを指す。普通は内閣とそれに連なる霞が関の中央省庁を意味する。政府の構成員は、国家の運営の主体をなしているから、主権者のような意識になっている。国民は被支配者であり、政府構成員は支配者のようである。なかでも、実際に、予算・法律・省令・通達を作りそれらを直接国民に執行する官僚・公務員が政府である。抽象的な政府という言葉ではなく、**現実の政府とは日常に行政を差配している役人である。**

【小さな政府】

自分の財布の金は出来るだけ自分で自由に使いたい人の志向する政府。税金で食う、税金を食う人たちを最少にしようとする考えを持つ人の目指す政府。生産性・効率が悪いのは宿命の政府のやる仕事や規制を最少化し、人々の創意工夫・自由な発想を生かして効率的で活力ある社会の実現を目指す人の政府。

社会保障・社会政策と経済政策を明確に仕分けした考え方で、年金・福祉・弱者救済と経済成長の両立を目指す政府。

税金は天から降ってくるタダの金のような感覚でとらえられており、分捕り合戦と言われるように、自分が使わなかったら誰かに使われてしまうから使った者が勝ちだというのが税金の使われ方の真の実態である。税金はムダにデタラメに使われるのが必然。そこに徹底してメスを入れ、改革していこうと考える人の政府。

人の金をバラマク人は好かれ、浪費しない人は好かれないが、あえて損な役回りをしようという人の政府。

稼ぐ金ではなく、権力で強制的に徴収できる税金は、浪費などという甘い言葉ではなく食い物にされるのだという現実を冷厳に見据え、それが税金のもつ本質、この国で税金に群がる者の実態だと認識し、税金を徴収される側からの目線で、簡素・透明な行政組織で税金の有効な使われ方を目指す者の政府。悪名高い市場原理主義や低福祉とは結びつかないし、格差の拡大とも結びつかない。

【大きな政府】

自分の財布の大部分の使い方を役人の裁量に任せる、おおらかで太っ腹な人たちの政府。

バラマキとお手盛り、最大の予算で成果を問わない優しい人の政府。

税金を使うことはいいことだという気前のいい人の政府。

役人、天下り、渡り鳥など税金の恩恵を受ける人の多い政府。役人を増やし政府組織・関連組織をどんどん作っていくこと。組織は大きく、複雑にし、いろんな関連団体などを入り組ませれば、チェックは不能となり、やりたい放題・税金の私物化が徹底できる。複雑化するにはメリット・思惑・理由がある。大きな政府は役人、利権に与れるものにとっては蜜の味、理想の腐敗郷である。

国民を担保に税金を浪費する政府。役人肥えて国民やせ細る。生かさぬよう、殺さぬようの現代版。

究極の大きな政府は計画経済・計画社会で、すべての金の出入りや人の動きを政府・役人の裁量・統制にまかせ、人はその指示に従って生活すればいい、考えることのない非常に楽な社会。籠の中の鳥に幸せを見る人もいる。共産主義国家が崩壊した教訓が生かされない政府。

国民にとっては腐敗と非効率に満ちた負担の大きい高い政府。

【政権】

安倍内閣で内閣人事局が出来た以後と以前でそのあり方は激変した。以前は、霞が関の高級官僚に親しくしていただける擬制政治権力を持つこと。国の統治機構を動かす政治権力で、普通には内閣を中心とする行政権を意味するが実質上の行政権は霞が関にあるため、いかにももっともらしい言葉であるが、実態はこけおどしに等しい。

政権を代表する内閣の各大臣が霞が関の省庁に何の指導力も決定権もないのは周知のことである。実際、1年前後で交代する大臣に省庁を動かす力など不可能に近いし、要求するのも酷である。役人の言うことにのっかって、大過なく過ごすのが政官にとって幸せだし自然なことである。言葉のインパクトに比し、実態の弱いことはなはだしい。

【政権担当能力】

霞が関と結託すること。役人の言いなりになれる能力のこと。役人のやりたい事・利権を認める度量のあること。

法律、予算を誰が作り、行政の実際を誰が実行しているのかを見るまでもなく、この国の行政権がどこにあるのかは明白である。政権与党が変わろうとも、行政、国民の生活が大きく変わることはないのも自明のこと。細川、村山、民主党政権で実証済みである。政権担当能力とことさらにカラ騒ぎするのは、自民党・既得権維持派と告白しているに等しい。現状打破、市民目線の真の民主主義を実現する革命能力に比べたら政権担当能力などとるに足りない小さな能力でしかない。

【政権交代】

最終、不変の権力は霞が関にあることを確認することになった国民には最悪の出来事。政・官利益共同体のためにこの国の税金はあることを確認したこと。再び自民党へ政権交代となった今、自民党は以前に増して、安心して官僚に丸投げ出来、官僚主導、官僚主権のもと、利権の配分に与かれることがおおっぴらに公認されたこと。役人天国は続き、役人が税金を食い物にする体制が不変であると確認。役人は安心して仮面の下で政治屋の無能ぶりを楽しめる。

【事業仕分け】

本気は黙って勝負。**政治が官僚に負けた問題提起ショー。**マニフェストを民意として実行し、霞が関と衝突していれば新たなページが開いていた。指摘されたことで目新しいことはない。右翼に殺害された民主党議員だった石井紘基や猪瀬直樹等の著書やメディアで報道されてきたこと。様子見のアリバイ作り。覚悟のない政治の象徴。

【政治と金】

政治屋どうしの不毛のつぶしあい。この国の最大の政治課題であるかのように取り上げられる。兆円単位の役人の不当な税金の私物化に比べて、取るに足りないはした金でヒステリックに騒ぎ立て、政治不信を掻き立てる自滅劇。政治屋が不正に金を集めるという意味で使われることが多いがいろんな思惑が絡み合って、いろんな意味がある政治用語。記憶に残るのは、小沢嫌いが小沢潰しに持ち出す政争用語。マスコミがリーク情報を垂れ流し、検察の情報操作に協力し、情報源に恩を売る格好のテーマ。最大の受益者は霞が関。金で政治がゆがめられているどうかの問題より、役人の利権拡大・維持のために行政がゆがめられ、税金が私物化されている方が、はるかに国民の被害は巨大である。**政治と金の騒動の裏でほくそ笑んでいる真の巨悪に焦点をあてないこの国の国民は搾取され続ける。**

【官房機密費】

使途不明金、不正資金の合法的別名。**権力を実感できる領収書不要のダーティマネー。**政権交代直前の河村官房長官の2・5億円巨額食い逃げ機密費がその性格を雄弁に語っている。

故・野中広務、元内閣官房長官の暴露によると、多くのマスコミ人にも渡したとされる。官房機密費など微々たる額でしかないが、多くの税金が闇の中に消えている中で、公認されているのが官房機密費。お子様ランチに消費した人が安倍政権で外務省事務次官そして駐米大使なんてジョークもある。

【政務調査費】

議員の自由に使える小遣い的資金。家族旅行、飲食費、下着購入、マンガ購入など使えないものはない。人、**議員という人種が税金、他人の金にどこまで卑しくなれるかという浅ましさ指数のムダ金。**

【政治資金規正法】

政治団体の表の政治資金の出入りを記した報告書で、しばしば嘘が発覚して運の悪い政治屋が問題になることがある。信用度は極めて低い。虚偽記載があっても訂正で済まされることの方が多い。違反の摘発は稀、恣意的であり、検察審査会による小沢一郎の強制起訴など異例中の異例で、極めて不公平・感情的でもあり、この法の運用の恣意性には問題がある。政治に金がかかり、資金を集めなければならない以上、規制の枠を撤廃し、政治と金の問題には別のアプローチが望ましい。麻生元総理だけでなく、**政治屋の飲み食い、遊興はじめ金のかかった生活ぶりを見れば、政治資金が政治活動という名で日常生活に使われていることは明明白白**のこと。

【クリーン】

政治資金が少ないこと、集められないことを自慢する。人格、政策、政治力とは何の関係もない。日本人の大好きな言葉。「清濁併せ呑む」「大人の対応」が好きな日本人の処世術と矛盾するのは愛嬌。


【資産公開】

貧乏度ランキング。政治屋がいかに金を持っていないかを競い合う場。金を持っていないことがクリーンの証明になるという世界に珍な人たちの貧困度競争。2018年4月公開の衆院議員465人の資産報告では70人の議員が資産ゼロという清潔な報告となっている。信用度も限りなくゼロに近い。


【内閣】

マリオネット、人形芝居。**官僚のシナリオに従って演じる大臣という役者の表舞台。**総理大臣以下、各省庁を所管する大臣からなる。せりふを忘れて自分の言葉でしゃべると失言となったりし、舞台から引きずり降ろされる。シナリオ通り演じる役者が名優とされる。霞が関の評価と国民の評価は、当然のことだが、天と地ほど違う。新聞に載る大臣の採点簿も記者・役人の見方に過ぎない。固有の価値観で動き、省益を最優先する省庁の組織風土の中に1年前後で交代する大臣1人が入っていっても、何もできないのは当たり前だし、同じ職場にいる人間と仲良くやりたいと思うのも当たり前のこと。大臣がどこを向いて動くのかは自明のこと。市民目線、国民のための内閣、政治など言うは易く行うは難し、絵空事に等しい。制度、構造、人間としての感情がそうしている。目に届く範囲、利害関係者の内閣、政治になるのは不可避。


【閣議】

事務次官会議の追認。**事務方で決められた案件に黙ってサインする場**。自由な発言をすると不規則発言とされる。儀式、形式、手続き、筋書、決まり、前例踏襲、思考停止。


【予算】

財務省が作成した役人の役人による役人のための税金の配分を、国会が承認というお墨付きを与え、役人が実際に執行していく表向きの税金の使途を書いたもの。真実の中身、真の税金の使途は誰も分からない。**国家最高のブラックボックス**。

予算（税金）をより多く取ってくる役人、より多く使う案を作り出す役人が優秀とされる。いったん付いた予算は使い切るのが役人の仕事であり、使い残すことがあっては役人失格とされる。まさに、予算、税金は使うためにあるもの。ムダ、浪費、不正は必然である。

何より、人間には予測能力はなく、正確な見通しを立てることは出来ない。そういう人間の限界の中で、予算至上に基づく業務を執行する役所・役人の日常が流用、嘘、つじつま合わせ、不正経理となるのは不可避。

予算至上主義の中にこそ、不正・腐敗・悪は組み込まれており、役人も肥った犠牲者。予算を取るために仕事を作る、予算があって仕事があるという、ニーズに応じて仕事が増減する民間とは天地が逆転した、硬直し非合理的な制度。経済合理性がすべてではないが、予算制度にともなう悪弊、悪行は尽きない。

【決算】

闇夜の黒ネズミ。**国にも決算があると言われれば、それはそうだろうなという程度のもの。**責任者不在、行政が結果責任を問われることのない象徴。民間は決算が全てで厳しく結果責任が問われるが、行政は予算が全て。

当事者しかわからない、知られたくない数字を予算に合わせてつじつまを合わせた数字。予算とは細部の科目を違え、正確な対比が出来ないようにしてある。

予算と結果の決算の数字は作られても、税金の真実の使途、実態は誰にもわからない。合法の体裁をとって天下り団体等に流れていく十兆円単位の不透明な補助金をはじめすべての税金の真実の使途を明らかにしたものではない。民間企業の決算書とは似て非なるもの。それでも倒産することはない。

【財政破綻】

現世快楽主義の霞が関、永田町のエライ人たちの、国民から見れば利権維持のための無責任な税金食いの結果。

税金を使うための口実はどうにでもつくものだと、**税金を使う知恵を誇った人たちの置き土産。**

先憂後楽ならぬ、先楽後知らず。後は野となれ山となれ、死んで花実が咲くものか、いまを楽しんでこその人生と、今を快楽に生きた人たちのつけ回しの結果。

最大の被害者はこれから借金を返済していく若い世代と生まれた時から天文学的な借金を背負わされたまだ見ぬ命。

大地震と同じで、来るのはわかっているが、規模、時期は誰にもわからない。

【財政再建】

お題目、空念仏、あるいは**既得権維持派の増税の口実**。このままでは財政破綻は避けられない、大変な状況を立て直すためには国民に痛みを伴う増税を訴えるのが責任政党・責任ある政治だと財務官僚の口車に乗せられ、役人の厚遇・既得権には手を付けず、国民に痛みを押し付けることがかっこいいと錯覚している人がポーズをつける言葉。

大きな財布の方が利権、余禄、ムダ、おこぼれのメリットも大きい人が主張する官民格差拡大策。既得権派の大多数のマスコミが後押ししているため、多くの国民も増税止むを得ないと思わされている。官富んで民困窮。

すべての特別会計、特殊法人、天下り法人、官業、天下りを廃止し、国の形を変えれば増税の必要はない。国民への痛みではなく、役人と役人OBを民間並みの処遇にすれば解決できる事。税金受益層と税金負担層の問題。やるべきことはわかっている、覚悟だけの問題。

【国債】

財政の麻薬。**国民・税金担保の誰も責任を感じない借金の証文**。目先がしのげて今が良ければ後は誰かが何とかするんでしょ。

税金の先食い、前借り。借金の孫・子へのつけ回し。後は野となれ山となれ。

現世快楽主義者の打ち出の小槌。

【アベノミクス】

名前がついている本人は理解していないが（ウォルフレンの言）、家庭教師が作った経済政策らしい。今は消費税で人づくり革命が大勝負所らしい。政権のポチとなった日銀、黒田総裁が異次元の金融緩和とやらで国債を買いまくってお札を刷りまくり、金余りと垂れ流し財政を応援。余った金は設備投資や消費ではなく株式市場に流れ込み株高を演出。株高＝好景気と自画自賛。あとは野となれ山となれ、今が良ければ俺様の成功。後の野と山は後任者の無能。**今だけ主義者の食い逃げ無責任策。**任期延長したら逃げ切れないだろうに？


【総理大臣】

行政の最高権力者。豪勢な海外旅行は楽しめる。言動だけは日本で一番注目されている地位。自衛隊の最高司令官らしい。

人格未熟で全能感にとらわれ、権力を恣意的に乱用する知性と品性に大きく欠ける人間がその地位に就くと1強体制となり、官僚はモラルを破壊され、マスコミは恫喝され、国民は真実から遠ざけられ、醜悪な権力私物化政権・国家を見ることになる。


【外交】

アメリカの意向に従って金をばらまきながら旨い話はないかと伺うこと。「便りのないのはいい便り」と思っていればいいということ。スマイル、スリープ、サイレントの3Sが基本。

最近では「地球儀を俯瞰する外交」とやらで、海外に出かけると元気になる総理の趣味で、あそこへ行きたいここへ行きたいと、伝統がありホテル事情がよく食事が楽しめる欧米の先進国や個人ではなかなか行きにくい国々へ、夫婦連れ立って税金で豪華旅行を楽しむことを言うらしい。間違っても、尊崇する英霊の眠る南方の地へ遺骨収集のために協力を求めに行くことではない。慰霊は天皇の仕事であって、最高権力者の総理の仕事、外交ではない。

外交を担うらしい大使館には税金でしか飲めない超高級ワインが大量に買い込んであるという。豪奢な生活に浸るのを外交官特権と心得ること。


【大臣】

あなた任せのお神輿に乗って、振り付け通りに動く人。**静かに座っているだけの人が一番喜ばれる。**利害に関する事だけには口を出す。担ぎ手に不祥事、犯罪があったとき謝罪するのが最大の仕事。


【松下政経塾】

マスコミで名前を売る政治屋を作る所。国民受けする発言を心得て、言うことはもっともらしいが、それなりの立場につくと腰砕けとなり、現状追認を良しとして恥じない政治屋の養成所。**松下幸之助の最大の失敗作。**


【世襲議員】

議員がいかにおいしい商売であるかを身をもって証明している人。二世・三世議員を中心に

後援会、利害関係者が税金の分け前にありつくビジネスモデル。後援会という強固な利益共同体の存在がポイント。

【地方創生】

地方選出の多い**自民党議員のスローガン**。衰亡していく一方の地方を活性化しなければならないという憂国きどりの大義名分。予算を取り、税金をばらまくための格好の口実となり、役人との利害も一致する。

【地方分権】

立場によって定義は様々で同床異夢の代表的な政治スローガン、流行語。霞が関の税金支配と地方自治体の税金収奪化のどちらが得かの**中央と地方の税金の奪い合いの話**。国民は蚊帳の外。

【首長】

公務員からはお客さん、住民からは行事の時に挨拶に来る人。多くは居ても居なくても多くの住民には関係のない人。改革派知事とかセールスマン知事、議会と対立する名古屋市長、阿久根市長などニュースで話題になる人だけ存在感がある。選挙の時だけ見る人は見る。職員の上がりの地位と考える人も多く、かつての大阪市長のように職員の職員による職員のための首長もいる。

【都民ファースト】

都民とは小池百合子と取り巻き連中のことで、それ以外は排除します。衆院選後はまったくマスコミから消えていたが、「都民」から言論・集会等の自由を奪う危険性のある東京都迷惑防止条例改正で珍しく注目された。これでは都民ファシストだと揶揄する声もある。この条例、極めて注意深く見守り警戒しなければいけない。揶揄で済まない時がくるかも知れない。被害者は権力悪に批判的な骨のある「都民」。

【永田町】

正直で誠実な者には住みづらい、嘘とだましと裏切りが横行し、駆け引きが好きな人が離合集散する街。**男の嫉妬が渦巻いている街**。政治の中心地ともいう。

6章　行政

【霞が関】

大本営のDNA不変の街。「のり弁」、詭弁、霞が関文学で知られる。隠す・ごまかす・嘘をつくのが仕事の人がいる街。自分たちは、国民の上に立つ存在で国民ではないと思っている、錯覚、勘違い、思い上がって論理矛盾している人たちの生息している街。住人の意識と国民の意識が水と油以上に交り合わない街のこと。試験の成績と人格、品性，良心など人間的善とは何の関係もないとわからせてくれる人たちのいる一角。国民を食い物にする司令塔のある街。擬制民主主義の「エリート」が住むという幻想の街。

【虎の門】

合法を装って税金（補助金・交付金・寄付金）を食い物にする腐敗と悪徳、魑魅魍魎の徘徊する街。同じような名前の、何もしない食い扶持法人が無数にある街。霞が関、永田町からのつけ回しを支払う街。**多数の渡り鳥、不労所得で肥え太った暇人が昼寝している街。**

【中之島一丁目】

日本有数の脱法者のうごめいていた地帯。市民から「大阪から出て行け」と言われた無法の「大阪市役所」がある。2004年に発覚したヤミ年金・退職金、ウラ給与、カラ出張・残業等々のありとあらゆる「闇・裏・カラ」の悪行とバスの見学ツアーまで出たデタラメの公共事業のオンパレードをはじめ一連のやりたい放題の大報道を忘れてはいませんよね。市バスの運転手の年収千五百万円というのもありました。

【無誤謬】

霞が関の無誤謬神話、役所の無誤謬性という風に使われている。私は生まれてから笑ったことがない、悲しんだことがない、怒ったことがない、泣いたことがないと同じ意味。人間は間違いを犯す存在なのを認めないのだから、役人は国民の上に立つ全能の非人間であると言っている言葉。役人の役人による役人のための行政、国民に冷淡で非人間的な対応を見ればその意味はよくわかる。役所防衛・思い上がりの極致の言葉。**官僚も人間だから何度も誤り・不正も行う、警察も人間の集団だから多くの間違い・悪事を犯すということを認めれば、この国の形、この国の風景も全く違ったものになるだろう。**

【合成の誤謬】

見えざる神の手が働かないこともある。ジレンマ。本来の意味は、個々には最適と思って行動したことが全体としては間違った、不幸な結果をもたらすこと。省益の最適追求が国民益を大きく損なうこと。個々の企業が利益を求めて人員削減をするのは企業行動としては正しいが、その結果として失業者が増え、社会的には不幸な結果を生むという風に使う。個別最適と全体最適のギャップは人間社会の宿命と言える。

【あってはならないこと】

よくあること。無誤謬の権力組織の役所のＤＮＡは不変であることを象徴する言葉。これからも何度でも悪事を繰り返すということ。

【再発防止】

役所で犯罪・不正・不祥事が起きた時に繰り返し使用される常套句・空念仏。言う方も聞く方も日常茶飯事で右から左へとすぐに忘れ、また忘れられることが前提になっている。

【綱紀粛正】

不祥事が発覚した時に言わなければいけないと信じられている言葉。これほど意味のないお題目、空念仏の言葉もない。これほど国民を馬鹿にした不誠意極まりないやる気のない言葉もない。**泥棒が盗みに入った後に「泥棒するな」と言っているようなもの。**

【国家公務員倫理法】

通勤時間帯の山手線の時刻表以下のもの。えっ、何、それ。

【公務員改革】

表面化してきた著しい官民格差・公務員天国への国民の不満のガス抜きに唱えられたお題目。今はあまり話題にもならない。

【改革】

現状を変える力のある者が現状を都合のいいように変えること。国民にとって改善ではなく改悪のことも多い。**多くの国民はよくなることだと錯覚していることが多い罪作りな言葉。**

【廃止】

名前を変えて存続させること。実態は何も変わらない。民間では、嘘、だます、ごまかすという意味の代表的な役所用語。

【名称変更】不祥事や役割を終えたとされる特殊法人などが名前を次々と変えて生き延びること。日本住宅公団→住宅・都市整備公団→都市基盤整備公団→現、（独法）都市再生機構が代表例。政治の無力、無能、無責任と役人の私益追及の激しさを表している。

【焼け太り】不祥事・犯罪の発覚をとらえ、再発防止、改革の名のもとに組織やポストを拡大させる**親方日の丸の懲りない面々の悪知恵**。廃止、改革、抜本的出直し、再発防止策がお題目。

【森友文書】**安倍怪談話政権の疑獄の一つ**。国有地が8億円超値引きされ、実質200万円で森友学園に売却された一連の経緯を記した近畿財務局の公文書が削除・改ざんされた疑獄。誰が何のためにという動機不明、公文書の改ざんなどあり得ない等の大合唱だが、現実に起こったのが怪談話の所以。「権力は腐敗し、絶対的権力は絶対的に腐敗する」を地で行く事件。官僚地獄の時代の象徴。

【政治案件】

議員によって役所に持ち込まれた要望は特別の配慮で処理すること。政官癒着の一例。厚労省の村木局長・郵便不正でっち上げ事件でよく知られることになった。平成史を代表する疑獄の森友文書改ざん事件では異例、特殊案件という言葉とともに記憶に残ることになった。

【忖度】

麗しい思いやり。モリカケ疑惑で脚光浴びる。命令、指示、要請、意向、圧力はなかったことにするために使われる。言葉のやりとりのない思惑の世界の出来事にし逃げられるが、心の中に踏み込める共謀罪なら逮捕も可能。

犯罪行為、不正の結果らしい事象の状況証拠はあるが、当事者が隠し・ごまかし・嘘をついて真相解明できず、捜査機関もまさに**忖度**して動かないとき、当事者同士の接触はなかったとして逃げ切ろうとした時に使われる。接触、やり取りはないのだから犯罪・不正はないという理屈。「ボク知らない、指示してないから疑惑になりようがない」という理屈。権力者は知らない、関与していないが周りが勝手に推測して動いたという次第。あうんの呼吸、魚心あれば水心という言葉もある。権力からの風圧？

【面従腹背】

官僚が思っている正義と政治屋の不正で理不尽な強権的要求が相容れない時、官僚のとる態度。**政治屋の無理筋な要求と官僚の間にある葛藤、権力の闇を伺わせる勇気ある言葉**。「是々非々」と言っていいところを「面従腹背」とあえて言ったところに覚悟が見える。文部科学事務次官経験者・前川喜平の座右の銘。48代国税庁長官・佐川宣寿に代表される一強政権のポチである大半の官僚からは絶対に出てこない言葉。

【犬】

権力に尻尾を振り、権力に忠実な僕（しもべ）。**権力側につながれているので普通の人間には不気味で恐ろしい存在**。共謀罪ができ、いずれ、忍び足で近づいていて、いつ何で噛みつかれるか分らない時が来る。しょっ引かれるだけでお終いであり、裁判で無罪かどうかは問題ではない。ポチと名前がつけば飼い主の言いなりになる。

【公安調査庁】

人の秘密を嗅ぎまわるのが好きな人間という者はいるものだ。前川前次官等政権に批判的な人物の監視等もする。決して尊敬できる仕事ではない。活動の実態がわかったら、敵に手の内を明かすことになるので、国民からは**何をしているのかわからない不気味な機関**。日本国に対する**治安・安全保障**上の脅威に関する情報収集、**諜報活動**を行う機関ということになっている。

法務省の外局。

【警察】

いろいろあるなぁ。色と欲の人間の本能を建前で否定するいびつな組織。人間の性を認めないいびつさから極めて犯罪発生率の高い組織。暇と高給に恵まれた「小人権力に溺れて不善をなす」の典型的組織。子供に大人気の職。罪なことではあるなぁ。

【適正な業務執行】

調べる気はないということ。不適正だったということ。社会面のベタ記事で度々見るパトカーの追跡による死傷事故の時の警察の即のコメントがこの言葉。不都合、不適正なことを隠ぺいするに最適の日本語。権力の不都合を市民が立証することはできない。泣き寝入り入りするしかない。逃げた弱みがあり、死人に口なし。一般的に、行政で不都合な事故が発生した時のコメント。

【ストーリー】

犯罪ありきの前提で筋書を描き証拠と調書を合わせていくこと。個別の事実の積み上げは軽視される。証拠改ざんで逮捕された郵便不正事件の検事の上司である特捜部長も犯人隠避で逮捕されたが「最高検のストーリーには徹底的に争う」と言うように、検察内部では常識の捜査手法。

【自白】

落とす。警官、検事の誘導、強要、脅し等よって**辻褄が合うように言わされること**。合理的な説明がつくように見えることが何より重視される。人間の行動は合理的な説明だけでは尽くされない事が多いにもかかわらず。

【でっち上げ】

多くは警察、検察が仕掛ける**悪魔の職業病**。報道を見て、身近での事件を見て、素人でも簡単に無実とわかる事を犯罪と仕上げる権力は悪魔としか言いようがない。密室の取り調べの中での絶対的強者と絶対的弱者の必然の結果とばかりは言えない。

無実の人間を犯罪者にでっち上げる残忍さ、良心はないのであろうか。人間としてどうしても理解できない。

【冤罪】

権力が無実の国民に牙をむく無法で最悪の悪行。警察・検察の無能と悪魔的悪意で引き起こされる捏造・でっちあげの罪。普通ではあり得ない、普通人には理解出来ない、普通の判断力さえも持ち合わせない捜査官の罪を問われない残虐行為。極めて身近で起きた、近畿大学助教授の誘拐未遂・恐喝事件―自宅から数百メートルの駅前のポストへはがきを出す途中に子供に声をかけ、駅前の交番で逮捕―の悲劇における捜査陣の嘘・デタラメ・悪意は想像を絶す。記憶に残る事件では、袴田事件、鹿児島の志布志事件、富山の強姦事件、足利の菅谷さん事件、厚労省の村木さん事件等がある。

【国策捜査】

検察と政権の阿吽の呼吸で体制維持に邪魔、不都合な人物を失墜するために仕組まれた事件。鈴木宗男を中心とする外務省の事件で逮捕された佐藤優の『国家の罠』で注目。

【国策留置】

戦前の治安維持法下のような人権侵害。森友学園への国有地格安払い下げ事件の籠池夫妻を、異例の詐欺容疑逮捕と異例の超長期留置を○○政権による**口封じ**のためにするもの。異例づくしの○倍○黒政権の異例の一例。

【起訴】

検察が有罪と判断したものを裁判に持ち込む、検察による「事前裁判」の済んだ手続き。

【裁判】

検事と弁護士が法廷で法解釈をめぐって駆け引きする場。国民が思っているほど真実を明らかにする場ではない。物的証拠より調書のほうが優先されるという判・検癒着といわれる構造も見られる。

【三審制】

裁判の不確かさを証明する制度。１審が正しいか、逆転判決が正しいかはわからない。下級審ほど国民感情に近く、上級審へ行くほど保守的、政治に従属的になる。

【国家】

国民を統治するための機構。抽象的な幻影ではなく、政治屋、役人という生身の人間が動かしているのが実態としての国家。**役人が国民から制度的・巧妙に税金を吸い上げる仕組み。**

国家が先か、国民が先かは解決されることのない価値観の問題。国家は国民・個人に死を強制してきたが国家は国民のために死ぬことはない。

【軍事国家】

戦前・戦中の大日本帝国。○○**政権の狙っている国家**。当面は日米同盟を強化し、事あれば中韓露を蹴散らす世界に冠たる軍隊を持ち、世界・国内から畏怖・尊敬される。解禁した武器輸出で軍事産業大国化し、世界の武器産業を支配する。内には、特定秘密保護法で国民には情報を隠蔽し、公安警察の下共謀罪で国民・言論統制を徹底・検閲弾圧し、政府批判は一切許さない、政権に一糸乱れず従わせる沈黙の美しい国。軍事力を背景に一強独裁、強権行使の国家。肝心なことは、軍隊は隙あらば、政治介入・支配することを右派政治屋は忘れている。

【土建国家】

税金で食い、税金を食う、税金にたかる人の多い日本のこと。最大の恩恵を受けているのは、天下り、接待等で潤っている役人。

税金を使うのを立ち止まって考えることなど考えたこともない、どこまでもコンクリートのために税金を使い続けなければならないと脅迫観念にとらわれた人たちの国。

田んぼの中に道路があるのではない、道路の中に田んぼがあるような状況でもなお道路を作れと主張する人たちの国。

行き着くところは、富士山の頂上にまで高速道路を走らせ海の中にダムをつくる。

【福祉国家】

税金にぶら下がる人の多い行政システムのこと。**この国では役人の懐が豊かになること。**天下り団体が幾層にも張り巡らされ役人に中抜き・ピンハネされていく日本では税負担に相応しい福祉など望むべくもない。イギリスではゆりかごから墓場までをスローガンに国家の手厚い社会保障の実現が理想とされたが、現実には税負担の大きさが社会の活力を奪い、国力を失墜させることとなった。

福祉・社会保障と税負担・社会的公正のバランスは政治・行政の決定ではない国民投票が求められる問題。

【独占】

腐敗と堕落、悪徳の母。密室と不透明が父。ノーチェックと手を結べばその悪は歯止めなし。行政、役人が腐敗するのは独占権力とノーチェックの必然で役人も被害者。利益を目的としない組織だから行政が公平で公正な組織という何の論理的根拠もない思考停止の神話・虚構がまかり通っているが、独占の巨悪に大きな焦点を当てなければならない。市場と競争と消費者こそが公正、透明の審判者。

【情報公開】

知らしむべからず依らしむべし。「黒塗り文書」「のり弁」。最高はすべて真っ黒に塗りつぶされている。役所が公表もできないいかにやましく後ろ暗いことをしているかの証明。良い事と悪い事の違いはわかっているらしい。戦前、戦中、政府・軍部が国民に何も知らせないまま戦争に突き進み、戦争に駆り出した時代のＤＮＡが今も生きている事の証明。**悪事は隠して行え。秘するは悪事の証拠。**

【治外法権】

外交官の特権は慣習としても、**組織としての役所もまた、民間のようには法的責任を問われることはない。**役所は名称変更はあってもつぶされない。監督権限あって責任なしが通例の一方向、一方的な強権組織。公文書の偽造・改ざん・廃棄、カラ出張、カラ雇用等一連のカラのつく民間では犯罪も、役所では不適正で片づけられる。税金の流用も黙認されている。昔、駐ロシア日本大使館の外交官が自家用車の不正売買を行なったことを鈴木宗男が実名を挙げて公表したが栄転している。

【行政】

役人が国民を規制、コントロールすること。役所の都合のいいように裁量的に行われる。役所は利益を上げなくていい公共的な組織だから公平で公正という何の根拠もない神話・虚構が信じられている。

【行政の継続】

役人が大臣、首長などの政治屋の行動をけん制する言葉。**役人の既得権維持・継続のこと。**

【行政改革】

国民向けの騙しの罪深い言葉。官・政が練り上げた税金搾取のシステム・既得権益に手を入れるほどのバカはいいない。

【中立】

利害関係はありませんよ、興味と関心はありませんと強調したい時に使う。人には考え方や立場や思惑があり、現実的にはあり得ない立場。感情語である形容詞や推測の言葉はそれだけで自分の立場・見方を表現したものであり中立ではありえない。

事実の名詞や動詞だけでは表現は成り立たないから、中立の表現などありえない。行政やマスコミが好んで使う決まり言葉であるが、嘘に決まっているし、何らかの思惑が隠されているのは言うまでもない。中立と言っとけば公平・公正と思われるだろうと思っている思考停止、欺瞞の言葉。

【公平公正】
役人の大好きな言葉。やましい、後ろめたいときに自己正当化するために使われる。**行政教の信仰の言葉。**利益をあげなくていい組織だから公平で公正という何の根拠もない神話。

【陳情】
全体より個・私益を優先させる団体行為。理性より欲を優先させる行為。より力のない者がより力のあるものにお願い・おねだりをする行為。その対象は行政機関、政府要人、与党政治屋である。行政が公平・中立などというのは神話・虚構にすぎないということを露骨に示す公認の証拠。力のあるものは密室で真の権力者と差しの取引で思いを成し遂げる。腹心の友になれば陳情など必要ない。

【陳情団】
表向きは　ビール券、商品券等の土産を持って地方自治体や各種団体が霞が関に補助金など有利な計らいをしてもらうためにお願いに上がること。大人数で行けばより熱意が買われ効果が高いと思われ大陳情団になりやすい。旅費、宿泊費、日当、土産代、浪費する時間など陳情費は膨大。**行政が、裁量的で公平でも公正でもないことの何よりの証明。**また、政治屋が役人にお願いすることも政治屋の大事な仕事であり、この国の真の権力がどこにあるかを見事に示している。

【省庁】

国民を指導、監督、監視、規制、統制する特権的地位、支配的地位にいると倒錯した価値観を持った人間のいる、**人間をスポイルする場。**実態は、お役所仕事といわれる、無責任、怠惰、傲慢、不親切、隠す、ごまかす、嘘をつく、ムダ遣い等々、普通の国民目線からは多くのマイナスイメージを持った施設。　個人としてはコストパフォーマンス最高の人たちのいる場。

【内閣法制局】

国権の最高機関である国会を上回って憲法・法律の適否を判断する。安倍政権になってからは人事を握られ政権の意向に従った解釈になっている。

【会計検査院】

役所から許されたお土産の数字をムダとして公表する。役所あっての役所であることはよくわきまえており、特に力のある所には徹底して従順。検査院予算とムダ指摘額が近似値なのはよく知られている。飼われた犬は飼い主の手を噛むことはない。

【人事院】

役人の利権を守り、役人を国民より高所におく不透明な組織。職員の待遇は破格。総理大臣を見下した総裁で名を馳せた。かつて話題に上った公務員改革への頑強な抵抗勢力。どこを何時調査して公務員給与の勧告をしているのか全く不透明。本当に調査している？

【衆院事務局】

官公庁の無数の外郭団体と同じで無名で何をしているのかわからないが、待遇は超一級。国会内で警備にあたっている衛士（警備員）等が所属。

【自衛隊】

解釈上は軍隊ではないらしいが世界有数の軍事力を誇る矛盾した存在。いずれから見ても、**股裂き、根源的矛盾を抱えた存在。**隠蔽体質は帝国陸軍のＤＮＡを引き継ぐ。軍である以上当然か。

【特捜部】

虚像と実像の落差の大きい組織。善意と悪意、色と欲もある、間違いを犯すし嘘もつく当たり前の人間の組織であることが忘れられている組織。権力は腐敗し絶対的権力は絶対的に腐敗するという歴史、人間の真実を無視した虚構の上に立った組織。森友問題で告発された38人全員を不起訴にした大阪地検特捜部長は、政権の覚えめでたく栄転。政権の不正に無罪とお墨付きを与える組織。

【那覇地検】

国民の生活から外交までを配慮し、判断してくれるアリガタイ組織。領海侵犯、不法入国、公務執行妨害、器物損壊などの容疑のある中国人船長を国家・国民的観点から超法規的措置で解放できる権限を持っている。一時話題になったが、その後は音沙汰なし。まだある？

【年金機構】

アルバイト、パートの非正規職員が現場で作業し、正規職員はどうすれば何もしなくていいか考えている所。普通の民間企業では想像もできない悪徳と腐敗の巣窟。**実態・事実の数字は誰にもわからない伏魔殿**。大騒ぎされた消えた年金は消えたまま。放置しとけばみんな忘れる。

【年金役人】

ありとあらゆる国民への背信を行ってきた人たち、究極のジコチュウ、人間のクズ。食い物にされた年金保険料は天文学的数字で誰にもわからない。やくざから被害を受けた人は周囲にはいないが、年金役人からの被害は国民全員。

【児童相談所】

虐待情報などが持ち込まれたら様子を見守る所。プライバシーの尊重が活動しないことの理由になる所。競争がない、消費者から支持される必要がない、売上・利益・シェアを上げる目標がない、倒産がない等から一歩前へ踏み出す必要がなく、事態を見守るということになる。一歩前へ踏み出して先手を打つという積極的な仕事は行政にはできない。前へ踏み出して問題が拡大すれば余計なことをしたということになる。後手後手、手遅れ、おざなりは不可避で結果の無責任は必然。個人の問題より役所組織に固有の風土、体質、病理を表した施設。目黒・虐待死事件の船戸結愛ちゃんの悲劇が見事にその本質を現している。

【市役所】

普通の市民には税金を取られる以外あまり用のない所。公務員の年俸では非常に安い手数料で住民票や戸籍謄本などを発行する所。

スリッパを履いて非常に親切で、すこぶる愛想よくて、公僕精神にあふれ、とても動きの良い人たちがいて、決して気分よくさせてくれる所。

【200才が生きていた】

長崎県・壱岐市の話。戸籍上では生存していることになっていた、おそらく日本人の最高年齢。いままで先送りで済んできたことに自分が手をつけることはないという無責任、事なかれのお役所文化の当然の帰結。楽して、何もしないで給料もらうのが一番利口というお役人仕事の当然の結果。ありえないこと、と言うようではこの国の役所のことが何もわかっていないということの証明。

【自治労】

最少の労働で最高・法外の報酬を要求する団体。国民を不快にする旗頭の一方の雄。国民常識とは真逆の価値観を持った団体。

【外郭団体】

役人の天下りのための団体。国民に真に必要な団体などないし、万万が一あったとしても民間でより効率的にできないものはない。役人の関係者の縁故就職先として利用されることも多い。

【官業】

税金で設立された特殊法人や公益法人が、さらに天下りの受け皿として設立する子会社、孫会社が行う**事業もどき**。多くは、排他的な随意契約で不要不急の業務を独占的に委託され採算が取れるようになっている。委託された業務も丸投げされるケースが多い。最後は学生アルバイトに回ってくる。

【交通安全協会】

免許証を金のなる木にしている警察の天下り団体。

【JAF】

車保有者を金のなる木にしている天下り利権団体。

【特別会計】

特別においしいこと、やましいことがある霞が関の秘密の金庫。埋蔵金で存在、知名度が上がった。保険料、使用料等の名目で役人が裁量的に国民から別種の税金を搾取すること。国会の審議も受けることもなく一般国家予算の4倍前後の公金が闇の中で動いている。特権意識を持つ人たちが闇の中で動かす外部からノーチェックの公金がどういう風に使われるかは、表の税金での裏金が明らかなように、自明のこと。

【公益法人】
これほど「名は体を現さず」の存在もない。**公益を冠に私益を追及の天下りの巣窟**。あてがい扶持法人、一人法人、丸投げ法人等の美称。真面目に業務に取り組んでいる法人も一部にはあるらしい。

【国益】
政治屋、官僚の大好きな言葉で胡散臭さがつきまとう。発言している当人は国民より高所にいる脱国民、超国民の意識が見られ、説得力はない。**国益を私益に置き換えると真意がよく見える。**

【公益】
役人益と言い換えたらぴったりする。役人のやりたいことに反対する人を抑えたい時に使用する。

【公共】

役人が関与する事をいう。主体者・主催者が誰であるかによって決められる事態。実態、現実は関係ない。

【公教育】

個性と才能の標準化、平準化。国が主体となって実施するため、時の権力による国策教育となり勝ちで、現場はその都度混乱に陥りやすい。教育の現場である学校は社会の縮図であるが、多くの保護者が無関心であるのは恐ろしいこと。鬼畜米英、天皇陛下万歳と言って戦死していった戦前の教育、北朝鮮の金王朝のための教育など、教育の持つ恐ろしさに注目して注目し過ぎることはない。

【公共工事】

税金を使う工事のこと。工事費の中に物件費という人件費や接待費、キックバックがどれだけ含まれているかは誰にも分からず、使途不明金の山。労せずして最大の恩恵を受けるのは役人、役人利権の宝庫であるから、止まらない、止まらないのムダ工事。

【八ッ場ダム】

計画から66年経った今も工事中らしい、ダムが目的より**工事・税金を使うのが目的の、一部の人・地域への利益供与事業**。不当においしい思いをしている役人・関係者が多い。役人の力の象徴、役人が作ると決めたものは何がなんでも造る事業の象徴。

【農道空港】

税金を使うためなら何でもするという役人の遺産。本当に作られたことが恐ろしい。万里の長城なら観光名所になるが、これは利用もされず人目にも触れず忘れ去られた存在。農産物を空輸することで付加価値をつけ農業振興を計るということで農水省の事業で作られた空港。北見地区農道離着陸場（スカイポートきたみ）、**新得町**農道離着陸場、**美唄市**農道離着陸場（スカイポート美唄）、余市農道離着陸場（アップルポート余市）、福島市農道離着陸場（**ふくしまスカイパーク**）、飛騨農道離着陸場（**飛騨エアパーク**）、笠岡地区農道離着陸場（**笠岡ふれあい空港**）、豊肥地区農道離着陸場（**大分県央飛行場**）。新鮮な魚を漁港から空輸する漁港空港はまだ作られていない。林道空港もまだ。オリンピックで忙しい？

【800億円の釣り堀】

800億円かけて工事・整備したら船は来なかった。釣り人が来た。船の来る港が、釣り人の来る釣り堀になった。日本海、福井港のこと。

【農道】

各種道路に並行して走る農水省主導の一般車の方が多く走っている普通の道路。ある地域では、田畑の中に道路があるのではなく、道路と道路の間に田畑があると錯覚するほど道路があふれている。

【親水公園】

狸やイノシシが遊びに来るらしい公園。川の片端なり両端に遊歩道や小公園を作って水に親しむという。大雨で浸水すれば修復費で税金が使え役人には何度もおいしい事業。周りに自然がいくらでもある田舎にあるのも素晴らしい。川には堰をつくって釣り堀にする日がくるかも知れない。

【砂防ダム】

土砂で埋まるためにつくるダム。際限なく続けられるだろうムダな公共工事の象徴。我が住居から百数十メートルの所にもあるが何故あるのか理解不能。

【ダム御殿】

ダム建設で家屋移転や土地・樹木の売却補償金で新築された豪邸。

【道路御殿】

道路の拡幅や新設で莫大な補償金を手にした農家が金にあかして新築した豪邸。全国各地、いたるところに存在する。


【空港御殿】

空港建設で立ち退きや山野等の売却補償金で新築された豪邸。億単位の大金を手にした農家などは6メートル、10メートルとメートル単位で金額を言う。1メートルが1億円の高さに匹敵する。


【土地成金】

公共工事などで土地を売却して大金を手に入れた農家、地主。豪邸の新築、高級外車、女遊びが3点セットになることも多い。


【汚職】

役人の職業病、業病。小さく生んで大きく育てるツボ・コツ等を知ればノーチェックで出てくる税金の旨味の誘惑にかられるのは避けられない。運が悪いと発覚する。周囲にも恩恵を与えることが発覚を免れる方法。最初は接待等からはじまり、これくらいなら大丈夫となり、段々と大きくなっていく。天下り等を含めて構造汚職国家と呼ぶ人も多い。みんなで仲良くチマチマでなく、でっかくいったらどうですか。中国、ロシアはスゴイ！　人間のスケールが違う。

【税金】

使った者が勝ち、使わないと他人に使われてしまう天から降ってくるタダの金で分捕りの対象。**使う人を卑しくする**。血税という欺瞞語もある。税金で食う人、税金を食う人、税金を払う人で意識は異なるが、無責任なのは共通。

【補助金】

霞が関官僚の権力の源泉。不公平・不透明行政の源泉。官僚私益と浪費の源泉。

【等】

解釈の自由、どうにでもなるという意味。役人の万能の一文字、うちでの大鎚。法案にこの一文字を加えることによってやりたい放題の役人益が手にできる。**骨抜きの大きな武器**。神は細部に宿る。

【天下り】
諸悪の根源。役人の特権。寄生虫、白アリとも言われる。税金を食い物にする吸血鬼が国民を見下した言い方。犠牲者は国民。税金は食われてもわからない。

【渡り鳥】
あてがい扶持を与えられ天下り先を転々とする学歴だけで食ってきた役人OB。**えさは税金、どんな卵も産まない**。生息地は虎の門中心の一等地。渡り期間だけで普通のサラリーマンの生涯賃金を上回る収入を手にすることもある。

【業界団体】
役人が経済界を支配するための別動隊、**天下りの受け入れ先**。実質的トップは天下り役人。政官財癒着のトライアングルの接着剤。役人の講演、寄稿、視察等で小遣い稼ぎ先。全国に2万以上ある。

【官官接待】
税金である補助金等のやり取りをするのに税金・裏金で飲食、遊興すること。つけ回しのために天下り団体を作ることもある。外郭団体主催の視察旅行も多い。

【税金の無駄遣い】

実は、役所・役人にはムダはない。**税金は使うためにあるので、どう使ってもムダという考えはない。**個人的な余禄も、余禄なのだから役人にはムダではない。ムダとはあくまでも国民からの見方。

【渡り】

親方日の丸な人たちの高給対策。**不当給与。**公務員の横並び、悪平等主義。昇進に遅れた公務員への救済給与対策。現在のポツダム少尉制度。

【お手盛り】

税金を自由にできる者が成果に関係なく**自分たちに都合のいいように税金を分配すること。**倒産しない役所の特権。定年前昇進、渡り昇給、数多の手当……。

【役所のパンフレット】

役人の原稿料稼ぎのための不要不急、誰も読まない冊子。印刷所から倉庫、焼却場へ直行も多い。年金不正、浪費問題の時、何種類もの中身は同じでタイトルだけを変えたパンフレットが焼却場へ直行するので脚光を浴びた。

【預け】
物品やサービスの提供を受けずに業者に税金を支払って、後日対価を受ける事。裏金作りの一方法。架空発注。民間なら犯罪。

【カラ出張】
税金をくすね取る伝統的手法。ヤミ給与や裏金の原資。カラ雇用、カラ残業、カラ手当……さまざまなカラがある。民間では組織的犯罪だが役所が罰せられたことはない。

【視察】
税金を使っての**豪華な観光旅行**。国会議員から地方議員、役人、天下り団体の役職員などの既得権。人間のさもしさの現れ。

【公務員宿舎】
交通・環境に恵まれた一等地に建てられた役人様の優位性をわからせる豪華マンション。民間との破格の家賃差は第二給与に匹敵する。

【物件費】

役人が隠す、ごまかすために使う**非正規職員の人件費のこと**。人扱いではなく物扱いのようで冷たい用語。


【謝金】

天下り役員の人件費を隠すための詐称。人件費の役所用語。


【流用】

予測能力のない人間が、予算至上主義の建前を通す役所に必然の制度悪。嘘が当たり前の役所風土の原因の一つ。首相の外遊予算がパンクして流用したことがニュースになった。警察予算にしても、事件がどれだけ起きて、解決にどれだけ費用が掛かるか誰にもわかる訳がない。わからないことに予算を作らなければならない、何が起きるか自明のこと。


【不正経理】

民間なら脱税、横領、着服の犯罪が役所では不正で済む便利な言葉。組織でやれば恐くない。役所組織は悪事のロンダリング組織。

【官僚】

上りだけの超高速エレベーターの乗客。国民の上にいる、国民を超えた存在だと自己認識している、国民意識と大きくずれた、キャリアとよばれる霞が関の住人。私益が国益と同じだと本気で信じている人たち。大学卒業時は極め付きの受験秀才で高学力の持ち主ということになっている。

【公務員】

地位と身分を保証された**親方日の丸の職場**で個人、仲間最優先の生活を送っている人たち。仕事に生きがいややりがいを見いだせず、多彩な趣味を持つ人が多い。優雅な職場環境と仕事の内容からは非常な高待遇で現代の圧倒的人気職。

【役人】

マルクスが生きていれば**現代の搾取階級**と言うだろう。実態は誰からも監督もされない役所で責任を問われることのない匿名の立場から自己都合のいいように権力を行使する官僚、公務員。自己認識と国民の評価・意識とのかい離は非常に大きい。倒産もせずチェックされることもない組織が無責任、腐敗、堕落していくのは人間の性、そういう組織にいる人たち。役人が悪いのではない、制度が悪いのだ。基本的に全員が役人という崩壊した共産主義国家が見本。

【事務次官】

官僚ポストの最高位。国会答弁もせず、記者会見も開かず、アンタッチャブル・現代の雲上人にして、**1年交代でも務まる天下り待ちのポスト**。退職金、天下りポストへの箔づけ。民間企業では社長に相当。社長が1年毎に交代すれば仕事にもならずスキャンダルだが、省庁では誰もおかしいとは思わない不思議で珍妙なポスト。役人世界では同期から必ず「社長」が生まれるのが原則。民間ではあり得ないシステム。

【権威】

印籠。お上。霞が関。東大。各界で卓越した業績を上げた人物。官職につくものと人物につくもの、権力がつくものとつかないものとがある。講演会等では乱発されやすい肩書。

【官尊民卑】

士農工商の徳川封建遺制。現代は官公民非正規無職。**学歴のない世界**、東大出の民間企業社長より高卒（大卒より頭が良くて立派な高卒はいくらでもいる）の市役所職員が上座に鎮座する世界。

【格差社会】

「悔しかったら勉強して公務員になってみろ」とテレビカメラの前で放言した鳥取県庁職員のように、知性・品性下劣な一部の権力・支配階級（と思っている）にとって優越感を満足させてくれる蜜の味。おいしい思いをしたい人間が支配側になる以上なくなることはない。人間の能力にも差がある必然から解消はできない宿命。とはいえ、権力が本気で解消する覚悟があれば、その縮小は可能な問題。

【財界】

隔世の感のある集まり。昔の経団連会長と最近の会長の風貌の物凄い落差。物申すから献金、税金を払って負担を押し付けられている人たち。官邸、霞が関の下請け、と同時に陳情団体。サラリーマンの上りなのに、サラリーマンの立場がわからない人たちの集まり。

おわりに

今という時代・社会をどう捉え、どう生きていくかを考えることは人が前へ進んで行く上で必要な事だと思われます。そのために最も大事でそれしかないと言えるのは言葉です。人は言葉を通して考え言葉でしかコミュニケーションできないのです。その言葉に信頼が置けないとしたらこの社会はどうなってしまうのでしょう。嘘がまん延する社会で、嘘に飼いならされ、嘘に麻痺し、嘘でも何でもどうでもいいじゃあないかと嘘に引きずられていくとしたら、戦前・戦時中のあの時代と同じになってしまうじゃあないですか。すでにその兆候はあり・準備は出来上がっていると見るのが自然でしょう。危ない入口に立っている。

「一強と忖度」「強権と委縮」「恐怖と沈黙」「取り巻きとその他」「嘘と不誠実」「驕りとあきらめ」「無責任と無関心」、いつか見てきた風景ではないでしょうか。それでも、「あっしの生活には関わりねえことでござんす」と見過ごしてしまうのでしょうか。それこそが権力の思うツボで、快楽と悪事の密室の中で物事は決められ、国民に待っているのは戦時中のあの奴隷の生活なのでしょう。

政治屋と役人に嘘はつきものとしても、今ほど平気で何の痛痒も感じずに国会・記者会見・証人喚問の席でさえも堂々と嘘がまかり通っている異常な時代は戦後この方なかったでしょう。

上から言われたから嘘をつきに来たとヌケヌケと5月31日に愛媛県庁を訪問したどこかの学園の事務局長がいました。ヘラヘラと腑抜けのように意志も信念のかけらも感じられない表情で、ああはなりたくないと悪い夢を見ているようでした。命令とあれば、言われた通り嘘もつきます土下座もしますという風でした。最低限のモラルも規範も捨てて生きていますという様でした。ちょうど、官邸を忖度して、操り人形のように、嘘に嘘を塗り重ねている霞が関の「エリート」が二重写しになりました。嘘に覆われている今の日本の風景なのでしょうか。「類は友を呼ぶ」とは、本当によく言ったものです。

嘘と隠ぺいはコインの裏表です。悪事へ進んでいく強力な武器です。しょうがない、仕方がないで流れにまかせて諦めてはならないでしょう。そういう社会を残す訳にはいかないでしょう。

「信なくて立っている」腐敗した権力に従属してはいけないでしょう。

嘘、偽り、偽、まがい物、虚構の権力と決別すべき時が来ていると思います。

権力の嘘を許さない社会を孫子の世代に残さないといけないでしょう。

言葉への感度を磨き、言葉の意味・意図・真偽を見抜く力を養うことによってまっとうな社会を引き渡していきたいものです。

平生普通に使っている言葉を取り上げ、刺激的な解釈を加えることによって、言葉の面白さを感じ、言葉への興味と関心を持ち、ひいては社会について考える契機となれば幸いです。

軽く読めて深く考える、言葉を通して今の日本を考える一つの素材を提示したつもりです。

誰にも媚びず　誰にも威張らず

２０１８年7月初　ウサギの島のある竹原市にて

久保　哲弘

久保　哲弘（くぼ・てつひろ）

1968年に大学卒業後、大手メーカーに入社。営業畑で東京、神戸、広島、岡山、大阪、名古屋、大宮で勤務。言葉での交渉を通し、言葉の持つ力・説得力が仕事の成果に大きな影響を持つことを体験する。

資本金5千万円の小さな関連会社の出向トップを務めた時は、言葉の持つ微妙なニュアンスが人の心理に大きな影響を与えることを知る。業界団体の役員に就き、行政の一端も知ることになる。

2001年に早期退職。教育界に転じ、学校改革を現場でマネジメントする。その間、言葉の定義の議論等、言葉を巡っての厳しいやり取りから言葉の解釈の多様性を実感する。また、教育行政との接触から役人の仕事ぶりを見る機会を得る。

最後は非常勤公務員として地元の公民館長を務め、公務員の実態の一部を知る。

日本嫌いでも悲観主義者でもなく、海外へは60か国以上を旅し、生活を楽しんでいる。

広島県竹原市在住。

ツボを刺激する　脳トレ日本語事典

2018年11月27日　第1刷発行

著　者　久保哲弘
発行人　大杉　剛
発行所　株式会社 風詠社
〒553-0001　大阪市福島区海老江5-2-2
大拓ビル5 - 7階
TEL 06（6136）8657　http://fueisha.com/
発売元　株式会社 星雲社
〒112-0005 東京都文京区水道1-3-30
TEL 03（3868）3275
装幀　2DAY
印刷・製本　シナノ印刷株式会社

ISBN978-4-434-25458-1 C0095